"十二五"国家重点图书出版规划项目

文化系列

方志馆史话

A Brief History of Chinese Local Records Museum

潘捷军 编著

社会科学文献出版社
SOCIAL SCIENCES ACADEMIC PRESS (CHINA)

总　序

　　中国是一个有着悠久文化历史的古老国度，从传说中的三皇五帝到中华人民共和国的建立，生活在这片土地上的人们从来都没有停止过探寻、创造的脚步。长沙马王堆出土的轻若烟雾、薄如蝉翼的素纱衣向世人昭示着古人在丝绸纺织、制作方面所达到的高度；敦煌莫高窟近五百个洞窟中的两千多尊彩塑雕像和大量的彩绘壁画又向世人显示了古人在雕塑和绘画方面所取得的成绩；还有青铜器、唐三彩、园林建筑、宫殿建筑，以及书法、诗歌、茶道、中医等物质与非物质文化遗产，它们无不向世人展示了中华五千年文化的灿烂与辉煌，展示了中国这一古老国度的魅力与绚烂。这是一份宝贵的遗产，值得我们每一位炎黄子孙珍视。

　　历史不会永远眷顾任何一个民族或一个国家，当世界进入近代之时，曾经一千多年雄踞世界发展高峰的古老中国，从巅峰跌落。1840 年鸦片战争的炮声打破了清帝国"天朝上国"的迷梦，从此中国沦为被列强宰割的羔羊。一个个不平等条约的签订，不仅使中国大量的白银外流，更使中国的领土一步步被列强侵占，国库亏空，民不聊生。东方古国曾经拥有的辉煌，也随着西方列强坚船利炮的轰击而烟消云散，中国一步步堕入了半殖民地的深渊。不甘屈服的中国人民也由此开始了救国救民、富国图强的抗争之路。从洋务运动到维新变法，从太平天国到辛亥革命，从五四运动到中国共产党领导的新民主主义革命，中国人民屡败屡战，终于认识到了"只有社会主义才能救中国，只有社会主义才能发展中国"这一道理。中国共产党领导中国人民推倒三座大山，建立了新中国，从此饱受屈辱与蹂躏的中国人民站起来了。古老的中国焕发出新的生机与活力，摆脱了任人宰割与欺侮的历史，屹立于世界民族之林。每一位中华儿女应当了解中华民族数千年的文明史，也应当牢记鸦片战争以来一百多年民族屈辱的历史。

当我们步入全球化大潮的 21 世纪，信息技术革命迅猛发展，地区之间的交流壁垒被互联网之类的新兴交流工具所打破，世界的多元性展示在世人面前。世界上任何一个区域都不可避免地存在着两种以上文化的交汇与碰撞，但不可否认的是，近些年来，随着市场经济的大潮，西方文化扑面而来，有些人唯西方为时尚，把民族的传统丢在一边。大批年轻人甚至比西方人还热衷于圣诞节、情人节与洋快餐，对我国各民族的重大节日以及中国历史的基本知识却茫然无知，这是中华民族实现复兴大业中的重大忧患。

中国之所以为中国，中华民族之所以历数千年而不分离，根基就在于五千年来一脉相传的中华文明。如果丢弃了千百年来一脉相承的文化，任凭外来文化随意浸染，很难设想13亿中国人到哪里去寻找民族向心力和凝聚力。在推进社会主义现代化、实现民族复兴的伟大事业中，大力弘扬优秀的中华民族文化和民族精神，弘扬中华文化的爱国主义传统和民族自尊意识，在建设中国特色社会主义的进程中，构建具有中国特色的文化价值体系，光大中华民族的优秀传统文化是一件任重而道远的事业。

当前，我国进入了经济体制深刻变革、社会结构深刻变动、利益格局深刻调整、思想观念深刻变化的新的历史时期。面对新的历史任务和来自各方的新挑战，全党和全国人民都需要学习和把握社会主义核心价值体系，进一步形成全社会共同的理想信念和道德规范，打牢全党全国各族人民团结奋斗的思想道德基础，形成全民族奋发向上的精神力量，这是我们建设社会主义和谐社会的思想保证。中国社会科学院作为国家社会科学研究的机构，有责任为此作出贡献。我们在编写出版《中华文明史话》与《百年中国史话》的基础上，组织院内外各研究领域的专家，融合近年来的最新研究，编辑出版大型历史知识系列丛书——《中国史话》，其目的就在于为广大人民群众尤其是青少年提供一套较为完整、准确地介绍中国历史和传统文化的普及类系列丛书，从而使生活在信息时代的人们尤其是青少年能够了解自己祖先的历史，在东西南北文化的交流中由知己到知彼，善于取人之长补己之短，在中国与世界各国愈来愈深的文化交融中，保持自己的本色与特色，将中华民族自强不息、厚德载物的精神永远发扬下去。

《中国史话》系列丛书首批计200种，每种10万字左右，主要从政治、经济、文化、军事、哲学、艺术、科技、饮食、服饰、交通、建筑等各个方面介绍了从古至今数千年来中华文明发展和变迁的历史。这些历史不仅展现了中华五千年文化的辉煌，展现了先民的智慧与创造精神，而且展现了中国人民的不屈与抗争精神。我们衷心地希望这套普及历史知识的丛书对广大人民群众进一步了解中华民族的优秀文化传统，增强民族自尊心和自豪感发挥应有的作用，鼓舞广大人民群众特别是新一代的劳动者和建设者在建设中国特色社会主义的道路上不断阔步前进，为我们祖国美好的未来贡献更大的力量。

陈奎元

2011 年 4 月

出版说明

　　自古至今，始终坚持不懈地从漫长的文明进程中不断总结历史经验教训，从中汲取有益营养，从而培植广阔的历史视野，并具有浓厚的历史意识，这是我们中国文化独有的鲜明特征，中华民族亦因此而以悠久的"重史"传统著称于世。在整个人类文明史上独一无二、系统完备的"二十四史"即证明了这一点。

　　中华人民共和国成立后，历史知识普及工作被放到十分重要的位置。20 世纪五六十年代，著名历史学家吴晗主持编写的《中国历史小丛书》，90 年代中国社会科学院院长胡绳组织编写的《中华文明史话》和《百年中国史话》，成为"大家小书"的典范，而后两套历史知识普及丛书正是《中国史话》之缘起。

　　2010 年年初，为切实贯彻中央关于"做好历史知识普及工作"的指示精神，同时也为了更好地弘扬中国传统文化，我们对《中华文明史话》和《百年中国史话》

两套丛书的内容进行了修订和增补，重新设计框架，以"中国史话"为丛书名出版。第十一届全国政协副主席、时任中国社会科学院院长陈奎元亲任《中国史话》一期编委会主任，时任中国社会科学院副院长武寅任编委会副主任。正是有了各级领导的关心支持和诸多学术名家的积极参与，《中国史话》一期200种图书得以顺利出版，并广受好评。

《中国史话》丛书的诞生，为历史知识普及传播途径的发展成熟，提供了一种卓具新意的形式。这种形式具有以通俗表述、适中篇幅和专题形式展现可靠历史知识的特征。通俗、可靠、适中、专题，是史话作品缺一不可的要素，也是区别于其他所有研究专著、稗官野史、小说演义类历史读物的独有特征。

囿于当时条件，《中国史话》一期的出版形式不尽如人意，其内容更有可以拓展的广阔空间，为此2013年4月我们启动了《中国史话》二期出版工作。《中国史话》二期分为经济、政治、文化、社会和生态五大系列，拟对中国各区域、各行业、各民族等的发展历史予以全方位介绍。我们并将在适当时机，启动《世界史话》的出版工作。史话总规模将达数千种。

我们愿携手海内外专家学者，将《中国史话》《世界史话》打造成以现代意识展现全部人类历史和人类文明，集学术性、知识性、趣味性于一体的"万有文库"；并将承载如此丰厚内容的史话体写作与出版努力锻造成新时期独具特色的出版形态。

希望史话丛书能在形塑民族历史记忆、汲取人类文明精华、培育现代国民方面有所贡献，并为广大读者所喜爱。

史话编辑部

2014 年 6 月

目 录
Contents

序

地方志是中华民族特有的传统文化形式。在中国历史上，地方志历来被视为"官职官责"的"官修""官书"。而作为集编纂、收藏、展示、研究诸功能于一体的官方史志编纂机构，自古至今各种类型的方志馆为传播中华文明、传承民族文化作出了特殊贡献。具体来看，中国方志馆在不同的发展阶段呈现出不同的类型。

宋朝以前，由于方志尚未完全成型，而且受史志同源、史志合一等历史传统的影响，当时的方志机构主要以两种形式存在：一是依附于官方史志合一的各类编修机构，二是散布于民间的各种藏书楼等收藏编纂场所。自宋以后，中国方志馆基本按这两条轨迹发展延续。

自宋朝起，方志日渐成熟，逐步定型，从而大大推动了独立的方志机构的建立与发展。特别是北宋九域图志局的设立，标志着中国历史上独立的志书编纂机构的正式建立。自此开始一直延续到清末民初，尽管史志合一的编纂机构从形式上看仍占较大比重，尽管有的机构仍是功能单一的志书编纂场所而非具有综合性功能的方志馆，但形式逐步独立，功能日益扩展，却是其总体发展趋势。

民国是方志馆建设事业发展的一个特殊时期。尽管当时处于"乱世修志"的艰难境地，或内战不休，或外敌入侵，方志事业受到极大干扰和破坏，但在中华民族文化传统薪火相传的思想主导下，各地政府特别是一大批有"志"之士，在艰难困苦中矢"志"不渝，或通过创办史馆、通志局（馆）等史志机构，或通过在图书馆等场馆中附设方志馆，或通过创办"民众教育馆"等其他相关机构，在不同程度上艰难地推进了方志馆的建设，也为传承弘扬民族文化传统作出了特殊贡献。

新中国成立以来，方志馆建设事业可分为三个发展时期。一是新中国成立初期，借鉴苏联经验，以全面展示综合地情的山东地志博物馆的兴建为标志，新中国的方志馆建设事业正式起步。二是20世纪80年代改革开放后，以上海通志馆和浙江（建德）方志馆等的兴建为标志，拉开了新时期方志馆的建设热潮。但这时所建的方志馆，大多仍以收藏志书为主，同时兼及编纂、办公、展示等功能，因而从总体上看仍属于传统方志馆，这个时期也是从传统向现代过渡的重要阶段。三是进入21世纪后，随着全国文化和地方志事业的快速发展、日趋繁荣，以原中国社会科学院副院长、中国地方志指导小组常务副组长朱佳木的倡议和总体思路为开端，以陆续建成的山东、江苏、江西、广西、北京、黑龙江等省（区、市）的方志馆为标志，综合运用传统与现代多种手段、展示特定行政区域历史文化与现实综合地情的当代新型方志馆建设方兴未艾，中国方志馆建设事业正处于蓬勃发展的重要时期。

一 早期官修史志机构

1 方志馆产生的历史环境和条件

作为展示方志文化的特定场所，方志馆的产生、发展与整个中国地方志事业的发展进程息息相关、环环相连，每一个发展阶段又呈现出不同特点，现将其分述如下。

首先，从图志一体到方志独立定型，是方志馆产生的客观前提。从方志史发展过程看，地方志并非从一开始就具有今天这样独立完整的形式。自两汉至南北朝时期，方志多表现为"地记"的形式，以记载自然状况为主，尚未涉及政治、经济等内容，甚至还有较多的神话和传说成分。到隋唐时代，图文并茂的"图经"逐渐盛行，这是古代方志又一种典型形式。明代成化年间的《山西通志序》中说："图以著山川形势所在，志以验言语土俗、博古久远之事。"民国《贵州通志·叙例》也曾载明："贵州省志……至明嘉靖间，所作曰图经，曰通志。"可见，当时方志处于由图向志的过渡时期。民国时期曾任浙江大学图书馆主任的地理学家王庸也曾说过："中国古来地志，多由地图演变而来，其先以图为主，说明为附；其后说明日增而图不加多，或图亡仅存说明，遂多变为有说无图与以图为附庸之地志。"

　　这样，从宋代向前追溯，可以发现在地方志书的发展过程中，有多条并行路径，即由舆图到图经再到图志，具体又可分为三个阶段："第一阶段——先秦至秦汉，方志尚处于萌芽阶段，图为主，经为辅。第二阶段——六朝后期至唐宋，方志以图经为主，图与经并重，图的地位开始下降。第三阶段——南宋至清末，此时方志已经定型，图文并茂成为基本要求，但图已成为附庸。"① 据统计，宋代各种志书约有 800 种，其中北宋称"图经"者 96 种，称"志"者 24 种；而到南宋时期，称"图经"者 31 种，称"志"者已达 248 种。正如清代学者郭嵩焘所言："地志体例，经始于北宋，至南宋而始备。"因此，就其源头和发端看，从"图志一体"到"图志分离"，不仅完成了地方志成熟定型的历史转折，也是方志馆等各类专业方志机构得以产生的客观前提。

　　其次，史志合一的管理体制和运行机制，是方志馆成立的重要条件。"资料性文献"是国务院《地方志工作条例》为地方志书所作的"质"的规定，但这一结论的得出却经过了漫

---

① 邱新立：《民国以前方志地图的发展阶段及成就概说》，《中国地方志》2002 年第 2 期。

长的历史岁月。方志的定性和关系归属在中国方志史上也始终是一个多有争议的重大问题，即便今天政府以行政法规形式作了明确规定，方志学界仍有不同声音。自古至今地方志便有"地方史""地理书""百科全书"等多种形式，它们也都沿着各自的路径发展前行，也都有名称不同但职能相近的机构承担和编纂。如在清康乾时期所确立的史学体系中，方志便隶属于史部"地理类"，《四库全书》的史部"地理类"即分为："总志、都会、郡县"，"河渠、边防"，"山川、古迹、杂记"，"游记、外记"，等等，从而同样构建了一个较为完整的方志体系。直到清中后期，以章学诚的《方志略例》等理论建树为标志，地方志从内涵到外延，从理论体系到编纂方法，才逐步定型，日渐规范。这一过程不仅直接影响了地方志作为一项事业、一门学科的发展进程，而且也不同程度地影响着方志馆等志书编修机构的发展历程。

在众多复杂关系中，地方志与历史编修及所属史馆等机构的关系无疑最为直接和密切。

首先，作为一门学科，方志学与史学同源而分流，长期共同发展。从历史看，史志同源应是不争的事实，而且方志学至今仍属"历史学"学科中二级学科"专门史"下的一个三级学科。"志之体裁始于《史记》，然司马迁谓之曰书，以下各史多谓之志矣……论其名称，大体则名同者内容相近，亦有名同而内容渐更改者。"① 正因两者历来相伴发展、互相融合，

① 李宗侗：《中国史学史》，中华书局，2010，第169页。

以往有的学者又往往将方志归入史部，而且它们在形式体裁上也存在较多的交叉重合，有时确难区分。如古人便认为："古有列国之史，而今有一方之志，是虽名谓有殊，而核名实以记时事者，其义同也。"故"夫志，史乘之流也"。梁启超在《中国近三百年学术史》中也说"最古之史，实为方志"，并举例说，"如《孟子》所称晋《乘》、楚《梼杌》、鲁《春秋》……比附今著，则一府州县志而已"。此言是否确当自可商榷，但从中可见史志关系之密切。

其次看编纂机构，尽管严格意义上的方志馆并非古已有之，但如从其发端算起，它与史馆等其他相关机构有着十分密切的联系。朱希祖专门考证梳理了史志机构的发展路径："吾国历代撰史之所，其名约有六种：曰观、曰省、曰局、曰曹、曰馆、曰院"，但"史馆之名，称馆称院，各有所宗。称局者沿魏、隋，称院者举宋代，称馆者述唐制，而辽、金、元、清等之自桧"。① 作为史志机构的一种重要形式，方志馆的历史发展过程表明，无论是名称还是职能，它们与各类史志机构都有着十分密切的历史联系。学界也有一种观点认为，由于作为一种专门机构，严格意义上的方志馆出现很晚，似是近现代的事，所以不能将古代的史馆等机构视为方志馆的雏形，也不能将两者混为一谈。但是方志馆不是无源之水、无本之木。如果承认地方志是中华民族特有的传统文化形式，那么方志馆同样

---

① 朱希祖：《朱希祖文集》之《史馆论丛》，中华书局，2012，第189～191页。

也不可能是西方"舶来品"，它必定附着于中国历史上各种不同形式的编修机构，开始是相互融合，而后才逐步分立，否则就难以解释，自古至今如此浩瀚博大的中国地方志资源从何而来。而且历史已证明，大量历史所载和留存至今的地方志书，私撰毕竟只是少数，大部分仍是依托各类官方史馆机构编修完成的，史馆也是古代方志机构（包括方志馆在内）的主要形式。关键是现存史料匮乏，对史馆与方志馆相互间关系特别是梳理其历史发展过程的研究甚少，这是一个急需拓宽的研究领域和亟待解决的问题，但不能就此否认历史上各类史志编修机构与方志馆的历史联系。所以，研究和分析方志馆的历史沿革，不能不关注和考察中国古代官方史学的发展脉络特别是史馆等各类修史机构的变迁历史，这是方志馆得以正式成立的重要历史条件。

第三，志书从私撰变为官修，是推动方志馆发展的关键因素。在中国历史上，从总体上看，地方志书"历来就是'政书'、'官书'，有很强的政治性"。①"方志"一词最早见于《周礼·地官》，它其实是一部记述周代官制的著作，其所言明确："诵训，掌道方志，以诏观事"。此处的"方志"即外史所掌的"四方之志"，从而从一个侧面说明了地方志与古代官方统治者的历史渊源。

自孔子修《春秋》开后世私家撰史之风后，我国的史书编修便分为官修和私撰两种模式。当时，官方史志机构尚处于并不完

---

① 《一九九○年全国地方志工作会议纪要》。

备的初始阶段，而继司马迁《史记》和班固《汉书》之后，私人修史却十分盛行。从古史类的《尚书》《国语》到编年类的《春秋》《左传》和二十四史中的前四史《史记》《汉书》《后汉书》《三国志》等皆为私人编修。方志同样如此，如从"方志之祖"《越绝书》（学界有人定为杂史类）到《吴越春秋》《楚汉春秋》，再到常璩的《华阳国志》、李吉甫的《元和郡县志》、乐史的《太平寰宇记》、王象之的《舆地纪胜》等，基本上都属私修。对这种现象，陈垣为此曾作过评论："中国历史书籍，官书向被学者所蔑视，因为官书不免有塞责、隐讳、曲笔之弊，于是崇尚私书。惟时至今日，私人著述实属不易，盖私人之精力、财力、时间均属有限，而团体或国家之力皆远胜之。"①

这表明，历史上一度盛行的私撰之风并不意味着官修史志的弱化。相反，有研究表明："有意识地以文字形式记载历史，在中国是从官方开始。中国古代，官方始终从事着史学活动和史学建设，甚至将治史、修史作为必备的国务机制，这是中国史学发展史上独具的特色。"② 正如《隋书·经籍志》所载："古者天子诸侯，必有国史，以纪言行，后世多务，共道弥繁。夏殷以上，左史记言，右史记事，周则太史、小史、内史、外史、御史，分掌其事，而诸侯之国，亦置史官。"即使在以私修为主的时期，统治者也都十分关注史书的编修，有的

① 陈垣：《官书与私书》，《陈垣学术论文集》（第二集），中华书局，1982，第 348 页。
② 乔治忠：《中国古代官方史学的兴盛与当代史学新机制的完善》，载《中国官方史学与私家史学》，北京图书馆出版社，2008，第 45 页。

甚至直接以行政手段加以控制，方志同样如此。很多研究者便认为："所谓'方志'，在严格意义上应以确认全国统一政权为前提，并按国家当时行政区划为单位，记述某一区域内的地理、历史与社会人文状况的典籍。"从本质上说，"方志就是地方政府活动记录，是地方政府所在地域地理、人文的介绍"。"正在于中国强政府的存在，有了强大的中央政府，也就有了强大的地方政府的存在，于是有了方志。"正因如此，古人早有"地志，官书也，以存一方掌故，以示千秋鉴戒"的远见，并成为流传至今的共识。

志书从私撰到官修的转折点在唐朝。据考证，隋至初唐，浙江诸州几乎没有一部私人编修的州县志书。明朝时期，由于统治者的日益重视和严格控制，官修方志渐为主流，私撰方志日见萎缩。清朝则不但是方志发展的鼎盛时期，同时也是官方控制和管理最为严密的阶段。清朝历代统治者还以行政手段强力干预修志，并对过程严加控制，其程度大大超过元、明时期。如，康熙要求"恪勤乃事，务求采搜阅博，体例精详"，并一再表示"朕将亲览"；雍正则严令编纂"必详细调查，慎重采录"，如所纂之书"倘时日既延，又草率滥略，亦即从重处分"。乾隆在这方面更是有过之而无不及，他甚至要求志稿文本要"随缮随进，候朕裁定"，其事必躬亲的认真态度、强力干预的程度为历代鲜见，并使得各地、各部门对此事普遍高度重视，丝毫不敢懈怠。这从侧面反映了地方志官修官书、官职官责的本质特征，同时这实际上也是历代方志馆及相关机构得以设立并逐步发展的最为重要的因素。

需要说明的是，史学界有种观点认为，"唐及清中叶，史由官修，定于一尊，私家修史多以肇祸，故史学最不振"，因而这一时期也被视为中国史学史的"中衰期"。这或许是从史学史角度所作的分析评价，但从方志馆发展沿革看，它之所以能从无到有、从合到分、从小到大，官修方志的强势地位无疑是最为重要的保障因素。

在中国数千年历史上，尽管各时期史志机构的形式、职能等都不尽相同，但"总的趋势是在封建朝廷的统一调控下，逐步实现组织严密化、条例明细化，并且形成多种记史、修史机构分工并立的局面"。① 一般认为，中国历史上第一个具有实际意义的官方修志机构——九域图志局，建于宋朝。在此以前的各类修志机构，或呈史志合一的格局，或基本不具备方志馆的特质，以下将作详细梳理。

2 汉朝兰台、东观及北齐史馆：史志机构的肇始

相传，中国古代的夏朝、商朝即有史官。大约周代就有了专门搜集类似地方志等文献的官员，西周已有太史、内史、史正等史官。东周则有大史、小史、左史、右史、内史、外史、守藏史、柱下史等史官。《史记·秦奏本纪》载："秦文公十三年（前753），初有史以纪事，民多化者。"不过，这些官吏

---

① 乔治忠：《中国古代官方史学的兴盛与当代史学新机制的完善》，《河北学刊》2005年第2期。

的名称，后人有不同说法，而且其职能并不独立，十分繁杂，包括保管典籍、记录时事、起草文书、宣达王命、讲颂史事等职能，甚至还包括从事祈祷等宗教活动。

西汉时，政府设"兰台"作为宫中图书秘籍收藏之处。当时史官一般分为两大类，一类初为中丞，至东汉时称兰台令史，专掌史料图籍；一类为太史令丞，专掌疏记撰述。东汉初，著述及秘籍收藏也在兰台，后移到南宫东观，曾编著《东观汉记》，这是中国古代封建朝廷诏令史官修史的发端。地方修志也始于东汉，光武帝刘秀为彰乡里之盛，修《南阳风俗传》，从而开地方修志的先例。此后，设馆修史编志制度逐步形成和确立，日益成为朝政大事，并开始形成官、私两条并行不悖的编纂体制。当然也有研究者认为，从严格意义上说，汉朝的兰台、东观主要是皇家收藏书籍档案的场所，它虽承担修史职能，但与后来的专门修史机构仍有重要区别。

至魏明帝太和年间，据《晋书》卷24《职官志》载，正式"诏置著作郎，于此始有其官，隶中书省"。其职责为"掌国史，集注起居"，即负责记录皇帝的起居言行。刘知几在《史通·史官建置》中对此有详述："每天子临轩，侍立于玉阶之下，郎居其左，舍人居其右。人主有命，则逼阶延首而听之，退而编录，以为起居注。""起居注"汉时即有专人掌记，汉武帝时便作有《禁中起居注》，但发展到此时分工更细，职责更清，如有正郎、佐郎之分，前者担执笔撰史之责，后者行收集资料等辅佐之事。另外汉代还设有修史臣、校书郎等其他临时性辅佐官员。这也是中国古代历史上设置专职史官的最早记录。

北魏以"修史局"为修国史专设机构，并创起居令史制度。继北魏之后，《唐六典》卷9《中书省》明载："北齐因之，代亦谓之史阁，亦谓之史馆。史阁、史馆之名，自此有也。"史馆又称史阁，馆、阁均为楼，二者互通。自东汉起洛阳宫中便有秘阁，专司收藏图籍之事。秘阁又称秘馆，主要由监修大臣、著作郎、著作佐郎、修使臣、校书郎、令史等组成。当时邢劭所作《酬魏收冬夜直史馆诗》中道明："寄语东山道，高驾且盘桓"，"东山道"是通往史馆的道路，代指史馆，"高驾"当指"愿得直笔东观"、负责史馆著作编修的魏收。据此，可知北齐史馆很可能在邺城东（约在今河北省邯郸市临漳县境内）的东山宫中，史馆设置的具体时间大致在天保二年（551）至天保四年（553）之间，其间保持了正常的编修活动，直至北齐灭亡。① 这也是中国封建社会设立专门修史机构的最早记载。

需要说明的是，由于受"史志同源"的传统影响和各方面客观条件的限制，当时无论是史官等各种纂修人员实际承担的编纂任务，还是史馆等各类编纂机构所担负的职责职能，史、志两者你中有我、我中有你，相互交叉融合的现象十分普遍。当时的史馆、史官更多地专注于著史而非修志，客观上方志也未独立成形，所占比重很小。后来，随着历史发展和史、

---

① 牛润珍：《北齐史馆考辨》，《南开学报》1995年第4期。

志学术研究的逐步深化，两者的分工才逐步明确，各自职能也日渐清晰。

3　隋唐史馆、史官：官修史志制度的正式确立

隋朝的史志机构

隋朝结束了南北朝分治局面后，隋文帝于开皇三年（583）下令"罢天下诸郡"，改州、郡、县三级行政建制为州、县两级，并以州统县，同时大规模开展行政区划整顿、户籍清查等工作，这是当时官修史志被重视的重要前提。清代学者王谟曾总结道："盖自隋文帝受周禅，至开皇三年罢天下郡，其县乃隶州而已。九年平陈以后，四海一家，大业三年罢州为郡，四年大簿，凡郡国一百八十三，而图经于是乎作。"开皇十三年（593），隋文帝还下诏："人间有撰集国史、臧否人物者，皆令禁绝。"私修史志者闻风色变，人人自危。

有研究者认为："朝廷设立修志机构，最早不是宋代，而起码应当是在隋大业年间（605～616）。"① 当时曾沿袭南北朝制度，在秘书省设著作曹，主修国史、前朝史。朝廷同时还"普诏天下诸郡，条其风俗、物产、地图，上于尚书"，开始把以编著图经、图志等为主的地方志编纂工作集

---

① 诸葛计：《纠正方志史上一个流行的错误说法》，《中国地方志》2008年第8期。

中到中央政府加以管理，并在各郡志书的基础上大规模编纂全国性的图经和图志等。如，隋炀帝于大业五年（609）即命秘书学士编成1200卷的《区宇图志》，从而开官府修志之先河，标志着中国地方志进入了一个新的历史发展阶段。自统治者明令州府修志之后，皇家垄断史志纂修的倾向日益明显，魏晋以来私人编修史志之风开始受到抑制并逐渐呈颓势。

唐朝的史志机构

到了唐代，统治者清楚地认识到："朕睹前代史书，彰善瘅恶，足为将来之戒。""以史为镜，可以知兴替"，故"成当今之务，树将来之势，则莫若版图地理之为切也"。唐朝进而也沿袭了官修史志的传统。一般认为，全国设置修史机构及官方修正史，始于唐太宗时编修《晋书》。贞观三年（629），唐太宗下令将史馆从秘书省中分离出来，置于禁中，处于国家政治权力中心，宰相监修至此也成为常态和定制。《唐会要（卷63）》中《史馆上·史馆移置》和《旧唐书·职官志》等文献中均有记载："武德初，因隋旧制，隶秘书省著作局。贞观三年闰十二月，移史馆于门下省北，宰相监修，自是著作局始罢此职。及大明宫初成，置史馆于门下省之南。"文献中甚至还有"馆门下东西有枣树七十四株，无杂树"等详细记载。① 至此，史馆取代了著作局，专门承担修史之职，成为独立的修史

---

① 《中华大典》编委会：《中华大典·历史典（史学理论与史学史分典）》，上海古籍出版社，2007，第493页。

机构。唐代官修史志以太宗时期为盛，五代、宋、元各朝，基本沿袭唐朝的制度。

除修史之外，修志也是当时史馆的一个重要任务。中唐时就有史官要求：国史修撰不仅要依据"行状"，还要广采"四方之志"，以充实国史。唐太宗时期所修《晋书》，"书中十'志'追述至东汉末期，弥补了《后汉书》《三国志》无'志'的缺陷"。如，"出自李淳风之手的《天文志》《律历志》《五行志》记载了古代重要的科学知识，《食货志》多载重要的经济史料"。贞观十五年（641），《五代史》修成后，朝廷又诏令于志宁、令狐德棻等修《五代史志》，至高宗显庆元年（656）成书，后人附于《隋书》后，又称《隋志》。有研究也认为："《唐会要》卷63，页码1092将书名误载为《梁陈齐周隋五代史》，而非'记'，但其所指明确无误地是同一种30卷的著作。此书原本是一部独立的著作，但后来并入了《隋书》，构成了它的志书部分。"① 这都反映了当时史志合一、机构职能共担的实际情况。当然也要看到，正因史志关系如此密不可分，因而当时所编修文献有的虽以"志"为名，但并非严格意义上的方志；也有的虽未明确以"志"相称，但却带有一定的志书色彩。这正如李宗侗所言："大体则名同者内容相近，亦有名同而内容渐更改者"，这种情况一直到宋代志书逐渐成熟定型后才发生较大变化。

---

① 〔英〕杜希德著《唐代官修史籍考》，黄宝华译，上海古籍出版社，2010，第19页。

　　唐代的史志编纂有三个显著特点，分述如下。

　　一是从形式上看，志书仍以图经为主，尚未成熟定型，同时也未成为官方史著的主流形式。与史书相比，志书从形式到内容，都还存在相当的不确定性，尚未形成系统、规范的编纂方法，因而编纂难度较大。南朝史家江淹早有断论："修史之难，无出于志"，因而"修史以志书为难度最大，此乃历代史家的共识"。

　　二是朝廷深知史志编修乃"三王盛业，藉以垂名"之功，同时又深感"此才之难，其难甚矣"，因而十分重视改善史馆条件和所聘人员的待遇。如曾"三为史臣"的刘知几便有记载："暨皇家之建国也，乃别置史馆，通籍禁门。西京则以鸾渚为邻，东都则以凤池相接。馆宇华丽，酒肴丰厚，得厕其流者，实一时之美事。"① 邢劭也曾对北齐史馆的人员待遇作过如下描述："兼豆未能饱，重裘讵解寒？况乃冬之夜，霜气有余酸。风音响北牖，月影度南端。灯光明且灭，华灯新复残。"北齐当时史官的品级、俸禄均较低，如著作郎（从第五品）岁禄"一百二十匹"（三十匹为一秩），校书郎（九品）岁禄"二十八匹"（七匹为一秩），所以有些史官品为求温饱不得不接受贿赂，甚至罔顾史实，任情褒贬。② 北齐史官的清苦贫寒，与唐朝史馆人员的优厚待遇形成鲜明对比。但在唐朝待遇丰厚的体制环境中，史志编纂同样也会形成重重积弊。为此刘知几在《史通》一书中，对史馆制度的得失利弊也进行

---

① 刘知几：《史通·史官建置》，上海古籍出版社，1978，第318页。
② 分别参见牛润珍《北齐史馆考辩》，《南开学报》1995年第4期；朱清如《论唐初史馆》，《湘潭大学社会科学学报》2000年第2期。

了深入剖析，诸如：修史多秉承监修意志，扼杀一家之言，手法多隐晦曲折，不敢秉笔直书；不少亲信庸官因滥赠乱送得职而滥竽充数，效率低下，等等。

三是当时封建统治者的高压态势，对历来以"直笔见诛"为传统的私人史志编纂形成极大遏制。如唐元和年间兼任"集贤殿大学士、监修国史"并著有《元和郡县图志》的李吉甫，便极力主张君相必须干预"实录"编撰。皇帝有次上朝，当众询问《时政记》记何事、为何经常不修，当时任监修国史宰相的李吉甫，便将《时政记》从永徽到贞元百余年间仅修过两次的原因归咎于保密，即意在避免臣下侵犯君权。这话在皇帝听来十分悦耳，但对当殿聆听的大臣和史官，却不啻是发出的一种公开警告。因此，唐代史志机构必须依照当权者的指授编修，不可背离官修传统，这是当时的常态体制。同时从当时的资料、人力等客观条件上看，个人史志编纂行为自然无法与官方相比，加之官方史馆和官聘史志编纂人员待遇优裕，因而唐朝私人史志编纂虽未绝迹，但事实上呈现出明显的两极现象：大多局限在官方规定和控制的范围内，以馆外"制许"等变相的官修形式进行；有的甚至改换门庭，直接以"征招""被荐"等方式进入官方史志机构；少数私修则在高压状态下被迫转入秘密状态，或者干脆改为记载杂事掌故等非主流的编纂活动。当然，这种现象在不同时期的表现程度不尽相同，但总体上呈"官盛私衰"的发展趋势，从而客观上也促进了官方史志机构的扩张发展。

4 北宋九域图志局：方志馆的初始形态

宋代同样十分重视史志编修事业。尽管自隋朝起，历代多设有史馆等修史专门机构，但宋代的史志机构当属最多，有史馆、编修院、国史院、实录院、日历所、起居院、会要所、玉牒所、圣政所、时政记房等，其规模之庞大、功能之完备，为以往历代所不及。这种格局构架自然促使官修史志事业大兴，如开宝四年（971），朝廷即下令"重修天下图经"。宋初还"于门下省置编修院，专掌国史、实录、修纂日历"。当时朝廷又屡次下诏，要求尽收图籍，汇于京师。至太平兴国三年（978）初，在史馆、昭文馆、集贤院三馆基础之上，新三馆建成，太宗命名为崇文院，其东廊为昭文馆书库，南廊为集贤院书库，西廊以经史子集四部为史馆库，所藏史籍文献达 8 万卷之多，可见其景之盛。这些机构以史馆地位最重，其主要职能一为修史，二是藏书。

宋代文化繁荣，著述丰富，宋人为此豪言自评："本朝国书，有日历，有实录，有正史，有会要……行状、志、铭之类，不可胜纪！"与此同时，统治者同样严控史志私纂行为，如，北宋崇宁、宣和年间，朝廷曾下令焚毁一批史书印版；南宋绍兴年间，朝廷也曾两次下令"禁私作野史，许人告"；嘉泰年间，再次对"私家史书，下令史官考订，决定废留，其余悉皆禁绝"。由此，当时史志编修的"官盛私衰"的可见一斑。

与修史一样，大型志书特别是全国总志，内容浩瀚，材料丰富，一般非个人所能为，需要调用皇家馆阁藏书、档案、文书等大量文献，同时需组建一个工作班子，调集各种擅长某方面知识的人员，始能毕其功、统其役。特别值得关注的是，宋初朝廷令史馆负责"重修天下图经"，"或为后来'九域图志所'之滥觞"。北宋真宗赵恒大中祥符年间（1008～1016），李宗谔、王曾先后编成《九域图》。至宋神宗赵顼熙宁八年（1075），鉴于宋境行政区域有较大改变，《九域图》等已不能适应形势发展变化，同时也应战事需要，宋神宗诏令王存等人重修志书。《元丰九域志》于元丰三年（1080）编成进上，成书于元丰四年（1081），元丰六年（1083）神宗皇帝下诏书刻板印制，前后经历了 12 年时间。此书因成书于元丰年间，被定名为《元丰九域志》。其体例较为简略，主要包括北宋立国以来之沿革、地理、县之乡数、镇名、主要山川河渠及古迹名称。

　　尽管自隋朝起，历代多设有史馆等专门机构，但多以修史为主，设局编志则始于《元丰九域志》的编纂。宋代是方志的定型时期，官方"设局修志"起到了直接的推动作用。当时囿于史志合一等，一般难有一个固定班子专任其事，即便有，也往往是一部文献编完，机构自然撤销，待有任务时再予组建。北宋九域图志局的设立，则使这一传统发生了重大变化，这是朝廷设置的中国历史上第一个独立的官方修志机构。当然，学界历来对其有不同叫法（如还有九域图志所、详定九域图志所等其他名称），对其成立的确切时间也有不同意见。有人认为应设于崇宁五年（1106），有人认为应设于大观元年（1107），还有人认为应设于"元丰三年以前，很可能始设于熙宁七年（1074年）"，相互间相差30多年。前者"结合朱弁、程俱的记载，可以推断'九域图志所'之设立似在崇宁五年"；"至于黄鼎等人大观元年之记载，亦可解……因崇宁五年后即为大观元年。当时各州郡着手为'九域图志所'编纂地理资料，实际上多始于大观元年。因此，时人误以为朝廷于大观元年创制九域图志所，实乃正常。"当然，还有人甚至不同意九域图志局是方志编纂机构，而是从方志从属于地理书的传统角度出发，视其为"官修地理书之编撰机构"，等等。其实，无论从当时方志与地理书的相互关系看，还是从当时志书本身尚未定型的实际情况看，这种划分都可以理解。综合各方面研究意见看，"九域图志局是中国历史上第一个官方修志机构"一说基本已成学界共识。正是在此意义上，我们把九域图志局视为中国历史上第一个方志馆的初始形态。①

九域图志局设立后，在校订州县户口数、核对州郡等地名号并奏准、校订全国州县并省废置情况等方面，做了大量工作。如史载："尝考究其州山川地理，古迹姓氏，应典籍者为书，上于九域图志局"，可见这一举措对当朝修志影响甚大，并为后世所效仿。其对史料收集整理要求甚高，取舍甚严，如"流传鄙俗，难以书于地志"，从而对修志起到了直接的行政

---

① 参见诸葛计《纠正方志史上一个流行的错误说法》，《中国地方志》2008年第8期；潘晟：《宋代地理学的观念、体系与知识兴趣》，商务印书馆，2014，等等。

指导作用。

九域图志局在当时之所以能正式成立，还有一个重要原因，作为官修机构，它"在相当程度上成为北宋晚期仕途的一条捷径"。据载，"九域图志，前朝因尝修定，止就馆阁而不置局。崇宁虽就秘书省，然置局设官，以从官为详定，馆官为参详，修书官为编修官，检阅编修，其进用视秘书省官而无定员。当时宰执从官，大抵由此涂出"。如，王黼、蔡京等人皆曾为左右朝政之权相，因先后曾入此局而仕途得意。这不仅反映了当时统治者对修志大业和主参人员的重视程度，也从一个侧面印证了九域图志局作为中国历史上第一个方志馆的盛景。但更需要看到的是，这种"盛景"从根本上看对修志事业并非真正有利，而且事实上当时有一段时期"前后所差官不少，然竟不能成"，九域图志局最终于宣和二年（1120）罢局。

九域图志局罢局后，虽然尚"令省官分修"，但因王黼等人影响，故最终未能成书。不过自此以后，此种设官置局的方式，进一步改变了依据地方定期奏报资料编撰王朝地理书的做法，设局修志模式开始兴起并得以延续，对于后来州郡地理书的修撰产生了巨大的影响，后世地方志的编纂也多半源于此类修撰。如南宋高宗绍兴三年（1133），"诏复置史官，以从官兼修撰，余官兼直馆、检讨"。起初史馆隶属秘书省，后机构名称虽几经变迁，史志编修虽命运多舛，但这一传统并未中断，并基本以"十年一造"的方式延续后世。如《（景定）建康志》的编者周应合就写过一篇《修志始末》，记述他受南京（即北宋陪都南京应天府，位于现河南商丘）留守兼建康知府马光祖之聘，"开书局于钟山之下"并"入局修纂"《建康志》的经历。他在文中不仅描述了"夜考古书，朝订今事，右分编纂，左付刻梓"的编修情景，而且一一列出主纂、助手、事务管理人员、抄写人员等书局人员的编制和分工。特别是此时方志已呈定型状态，这对方志编修和方志馆建设事业都有不同程度的促进意义。

二 元、明、清设局编修一统志 与方志馆的发展变化

顾名思义，方志首先是指特定行政区域的"一方之志"。但需要说明的是，从中国地方志数千年的编纂历史看，方志的含义又不仅限于此。因为自古以来区域的不断变动，使得"地方"本身成了一个相对概念，并无绝对的范围界定。在此意义上看，古代的一个国家现在实际上可能已成为中国现有版图之内的一个固定行政区域。因此，判定一种文献形式是否属于方志，关键不在于记述范围有多大，而在于其记载形式是否规范，是否符合方志编纂的规律，即它是否按"资料性文献"要求，以特有的"记述"方式对一个特定行政区域"自然、政治、经济、文化和社会"各方面情况，进行"全面、客观、系统"的记载。据此，方志界又将志书分为全国性"总志"和区域性"方志"两种形式。早有史载："后周有外史，掌书王言及动作之事，以为国志。"按这一标准衡量，《汉书·地理志》《括地志》《元和郡县图志》《太平寰

宇记》《元丰九域志》等历朝历代的国家性地理总志和元、明、清各朝所修的"大一统志"都是方志的典型形式，而为编纂上述史志所建的大批官方编修机构，有的事实上就带有方志馆的性质。

1 元朝：依托翰林院开一统志编修先河

中国方志史向来有"元衰明兴"之说，但值得关注的是，元初统治者既为"削平江南，而大统始一，舆地之大，古所未有"而喜，又为"武功迭兴，文治多缺"而忧。面对"方今尺地一民，尽入版籍，宜为书以明一统"的建议，至元二十二年（1285），元世祖命秘书监"大集万方图志而一之，以表皇元疆理无外之大。诏大臣近侍提其纲，聘鸿生硕士立局置属，庀其事"。二十三年（1286），集贤大学士、中奉大夫行秘书监事扎马剌丁奏请元帝编纂大一统志，忽必烈予以采纳，命扎马剌丁和秘书少监虞应龙等主其事，秉承"史馆不立，后世亦不知有今日"的理念，开始依托翰林国史院修全国总志。《大元大一统志》的成功编纂，开创了国家一统志的编修先河，方志编修事业也得到较大发展。

元一统志由秘书监组织编修，由翰林国史院负责实施。"翰林"即文翰如林，系文人才子聚集之处。据载，元朝翰林院原以起草诏书等为主要职能，与史馆并非同一机构。至元四年（1267），改立翰林兼国史院，始合二为一。它位于"大内以北，傍依积水潭畔"，"其地高爽，古木层荫，与公府相为秘荫，规模宏敞壮丽"。由此，可见其规模之大，同时也表明了当时皇朝对史志编修的重视程度。

经过 8 年努力，至元三十一年（1294）《大一统志》755卷编成。此后，《云南图志》《甘肃图志》《辽阳图志》等省区的图志陆续而成，因而有人倡议重修。后由李兰肸、岳铉等主持续编，至大德七年（1303）《大一统志》增为 1300 卷。《大元大一统志》对全国路府州县建置沿革及山川、土产、风俗、里至、宦迹、人物等，皆有详述，而且其内容繁博、体例严谨，为历代总志所不及。另外该志还绘有彩色地理图，引入阿拉伯绘图之法。《大元大一统志》首创"一统志"先例，它提供了许多重要的史料文献，对之后明、清修一统志和全国各地的修志事业起到了重要的推动作用。如后《四库全书总目》所载：《明一统志》"其义例一仍《元志》之旧，故书名亦沿用之"。而这种成就的取得，与翰林院、国史院等史志编修机构的作用是分不开的。

2 明朝：始设一统志馆，强力推进官修史志工作

明朝十分尊崇"治天下者以史为鉴，治郡国者以志为鉴"之说，并高度重视修志，可谓史志并重。明初"循元之旧，翰林有国史院"，后国史院被罢，但仍"以修撰、编修、检讨专为史官，隶翰林院"。其后虽仍有变化，但翰林院下设史馆并负责修史的制度却并无根本改变，而且两者关系十分密切。如，当时史馆注意到"志书修撰的好坏往往是正史成败的关

键，所以明史馆在撰修元史志书时一反厌元态度，对元史的地理、河渠、食货、兵、刑法、百官等志倾注了特别的热情"①。史馆有时还直接承担了方志编纂任务，如明初修《元史》时，便有《天文》《五行》《职官》《兵》《刑》和《河渠》等诸志。另据《謇斋琐缀录》载：景泰间，朝廷打算修《续通鉴纲目》，但当时正在修纂《寰宇通志》，所以只能"仃俟志书完日开馆"。

洪武二年（1369），为修《元史》，朝廷正式成立史局，归翰林院所属，后又发展为文翰、文史两馆，史志编纂的专业职能日益强化。据载，明代史馆共分10馆，其中东面4馆主纂史料，西面6馆主修史书，可见其规模之大。洪武三年（1370），朱元璋诏令中书省："将天下城池、山川、地理、形胜，亦皆已成书，藏之内府，以垂永久。"同时，他又命儒臣魏俊民"编类天下郡县地理形势"以成《大明志》（后由英宗赐名《大明一统志》）。此后，又于洪武十六年（1383）、洪武十七年（1384）和洪武二十七年（1394），朝廷多次诏令编修方志，并直接促成《大明志》和第一部交通总志《寰宇通衢书》的编成。

永乐年间，明成祖朱棣也曾"诏令天下郡县卫所皆修志书"，并三令五申予以督促，因而不仅中央政府高度重视，地方也纷纷响应并设馆修志。当时州县志编纂十分兴盛，以至明朝"今天下自国史外，郡邑莫不有志"，"僻郡下邑，率多有

---

① 商慧明：《明代史馆考述》，《江淮论坛》1991年第1期。

志"。仅当时山西一地，便有大量局、馆之类的编修机构。如嘉靖编修《汾阳志》时，便"敦请乡进士龙冈王纬开馆撰次，数月书成"。

至天顺二年（1458），英宗认为"修志乃国家大政所关"，故命李贤等修《大明一统志》，以"继成文祖之志，用昭我朝一统之盛"。此志也于天顺五年（1461）修成。明初由翰林院组织编修一统志，而至明景泰五年（1454），代宗专设一统志馆，"并设有总裁、副总裁、纂修、催纂、誊录等人，形成一套系统的编写班子"。"这一模式不仅影响了《大清一统志》的编修，而且使明及以后的府州县地方志书的编修有所遵循。"这种管理体制和运行机制无疑把方志馆的发展又向前推进了一步。《大明一统志》内容广泛，是我国又一部比较完备的全国性地方总志。它较为详尽地记载了京师及全国各地的建置沿革、山川形胜、风俗物产、城池苑囿、桥梁井泉等，内容丰富详明，反映了明代全国各府、州、县的情况。万历年间朝廷又加补修，增入嘉靖、隆庆年间的史事，文献价值很高。

另外，明朝史馆还十分重视馆臣的待遇和史志的编纂规范。起初史志编纂任务繁重，升迁缓慢，史官们一度甚至"以早离史局为幸"。当朝统治者很快便采取措施提高了人员待遇，如"修撰三人从六品，编修四人正七品，检讨四人从七品"等。与此同时，朝廷又对编纂质量规范提出鉴世为旨、分而纂之、严而审之等一系列明确要求，从而把史馆等史志机构的规范化建设向前推进了一步，为后世修史打下了基础。

3 清朝：以一统志馆等为标志，史志机构全面繁荣

清朝是中国方志发展史上的鼎盛时期，统治者"顾由汉以来，方舆地理，作者颇多，详略既殊，今昔互异"，认为方志编纂将"使伟绩懿行逾久弥光，乃称不朽盛事"，因此 200 多年间共修方志近 6000 种，占我国现存方志的 2/3 以上。上起全国和各省区，下至府、州、县、乡镇等，从上到下各级无不有志，而且志书类型繁多，正如梁启超所言："清之盛时，各省府州县皆以修志相尚。"清朝也是方志馆发展的一个重要时期，数百年间，方志馆从原来史志合一的管理体制和运行机制中逐步分离，职能日渐清晰。

三修一统志对方志馆建设的影响

谈及史馆等清朝史志机构的发展，不能不提到《大清一统志》的编纂。《大清一统志》自康熙二十五年（1686）设一统志馆开局纂修，至道光二十二年（1842）完成，历经康熙、雍正、乾隆、嘉庆、道光 5 朝，历时 157 年，耗时之长，费力之巨，为历代所仅见。清廷以强力促进一统志的成功编修，不仅是清朝史志编纂事业兴盛的一个重要标志，同时也对各类史志机构的发展起到了直接而又重大的推动作用。

顺治元年（1644）清廷曾沿袭明制，始设翰林院，但组织规模都更为庞大，且《清史稿·职官志》中载明翰林院要"修实录、史、志"。

康熙十一年（1672），保和殿大学士卫周祚上疏曰："各省通志宜修……聘集宿儒名贤，接古续今，纂辑成书，总发翰林院，汇为《大清一统志》。"康熙皇帝采纳了这一建议，并于十二年（1673）下令各省编修通志，以备将来修一统志之需。但由于当年"三藩之乱"已起，全力平叛为清廷首要之务，纂修《大清一统志》事也暂被搁置。但当时朝廷对此事并未完全置之不理，相反，康熙二十二年（1683），大学士明珠等奏"《一统志》关系典制，自应催令速修"后，朝廷再次敕令各省修志，当时的《康熙起居注》即有明载："从前用兵之际，各省所修通志稍觉迟延。今兵事既息，俟各省修完送到之日，应即行纂修《一统志》书。"于是康熙二十五年（1686），皇帝再次诏令："爰敕所司，肇开馆局，网罗文献，质订图经，将荟萃成书，以著一代之巨典，名曰《大清一统志》。"由此，可见此事在当时统治者心目中所处的重要地位。鉴于以前修志工作附于礼部，官员地位较低、很难协调，当时康熙先是要求"内阁会同翰林院以编纂《一统志》"，继而以特开形式专设"一统志馆"，委任大学士勒德洪等为总裁官，内阁学士徐乾学等为副总裁官，翰林院侍读20人为纂修官，并提高史志人员地位。之后，清廷又相继在洞庭山、嘉善、昆山等地开设纂修《一统志》书局。但直至康熙逝世，由于种种原因，《大清一统志》终未能成书。

至雍正朝，世宗宪皇帝命天下重修通志，上诸史馆，以备一统志之采择，并于雍正三年（1725）再组"一统志馆"。当时的一统志馆极具权威，如《世宗实录》卷57载，雍正六年

（1728）《一统志》总裁蒋廷锡等上奏称："各省志书既多缺略，即有采录，又不无冒滥，必得详查明核，采其行义事迹卓然可传者，方足以励俗维风，信今传后。请谕各该督抚，将本省名宦、乡贤、孝子、节妇，一应事实，详细查核，无阙无滥，于一年内，保送到馆，以便细加核实，详慎增载。"雍正为此下令："著各省督抚，将本省通志重加修辑，务期考据详明，摭采精当，既无阙略，亦无冒滥，以成完善之书。如一年未能竣事，或宽至二三年内纂成具奏。"他还强调有关事宜应"详查确实，先行汇送一统志馆，以便增辑成书"，要求此事"当速行办理为是"，如"所纂之书又草率滥略，亦即从重处分"。雍正十一年（1733），一统志馆为详查直隶各省府州县户口、田赋、市镇、文武职官等事项，也照会户部，令转行各省，限于3个月内查清造册报部送馆，照会后附"行查事项"14条，要求逐条行查上报。尽管如此，当时一统志也未修成。

乾隆八年（1743），一统志又改由方略馆编修，方略馆同样被赋予相当的行政权力。清廷明令：每省先立部类，所列之目有分野、建置沿革、形势、风俗、城池、学校、户口、山川、古迹、名宦、人物等21门，冠以图表，所立纲目皆统括全省；凡诸府、直隶州又各立一表，各县又系之于下，外藩及诸朝贡国作为附录。方略馆等机构在承编一统志的同时，还初步修成天文、时宪、地理、舆服、卫、礼、乐、兵、刑法、职官、选举、食货、河渠、艺文等14志。经长期努力，历时3朝57年，第一部《大清一统志》（356卷）完成。乾隆二十九年（1764），在前志基础上，清廷又重修一统志，并于乾隆四十九年（1784），完成多达 424 卷的清朝第二部《大清一统志》。

《大清一统志》

嘉庆十二年（1807），经奏请国史馆得到旨准续修，全面恢复了帝纪、14 志等纂修工作，还承担了《大清一统志》的修撰。当时国史馆一份名为《现在纂办各种书籍》的报告也载明："一统志全书于嘉庆十六年正月由方略馆奏交本馆纂办，当经本馆议奏，所有通体沿革、裁改各事宜，其在京各衙门令于三个月内交全，在外各直省令于半年内交全。俟各衙门各直省交全后，立限二年将全书纂校进呈，俟钦定后咨送武英殿刊刻。"告文规定了具体的编纂要求和时间期限。嘉庆二十三年（1818），为完成《一统志》的重编任务，国史馆又再次行文敦促各省呈送本省通志以备"采择"。

道光四年（1824），国史馆奏准以 14 志作为馆内常行功课，即与列传一样每季进呈一次，每次 4 卷。至道光二十二年（1842），经历了 31 个春秋，第三部《一统志》也终告完成，全志共 560 卷，所记内容始于嘉庆继位，终于嘉庆二十五年（1820），故名《大清一统志》，也称《嘉庆重修大清一统志》。

从上述发展脉络可以看出，虽然机构名称不同，编修难度进程不一，但一统志馆、方略馆等史志机构却以各种方式始终存在，并不断发展。此后，各类史志机构的章程进一步健全，人员有较大扩充，职衔设置日益规范，这一阶段也是中国方志发展的成熟鼎盛时期。

清朝史志机构的主要特点

从方志馆等史志机构的设立和发展角度看，清代历朝史志机构主要有以下几个特点。

其一，史志机构的类型十分丰富。当时的史志机构可分为常开、例开、阅时而开以及特开等 4 种类型，并形成了以常开和例开史馆为主体、以阅时而开和特开为辅助的史馆格局。"常开之馆"常设不闭，持续进行，有国史馆、方略馆、起居注馆等。"例开之馆"即定期开设，书成即撤，实录馆、圣训馆、玉牒馆、律例馆等便属于这种类型。"特开之馆"为修辑特定史籍而开设，书成馆闭，不再重开。这种形式最为普遍常见，如《明史》馆、《八旗通志》馆、"三通"馆、《明史纲目》馆、《明鉴》馆、《通鉴辑览》馆、《西域图志》馆等。
"阅时而开之馆"则根据具体情况开办，修纂具有明显接续性
系列的史籍，会典馆、一统志馆即属此类。这4类机构，以实
录馆、国史馆、方略馆等常开、例开之馆为主体，其他各种形
式相辅，这种格局自顺治和康熙时期开始形成并逐步趋于稳
定。它们之间也非完全相离，而是有着密切的联系。如乾隆年
间，方略馆成为常设之馆后，不仅编修方略，还承担了《西
域图志》《大清一统志》等志书的编纂任务；同样，嘉庆和道
光年间，国史馆也承担了《大清一统志》的编纂任务。如此，
规模日益扩大、机制日趋完备的官修史志编纂体制日渐形成，
这样的格局为中国古代史所仅见。①

　　其二，史志融合的管理体制和运行方式，为方志馆的设立
提供了重要的基础和保障。从行使职能看，国史馆通过查询志
书、提供咨询等方式，承担了重要的资政工作。如康熙年间，
为设馆修明史，翰林院掌院学士叶方蔼上疏称："令督抚责成
各省学臣，或遣官专行采访，凡载有故明事迹，及郡县地志，
皆修史所必需，务令加以搜罗，以期必得。"再如咸丰年间礼
部有多件移文，要求国史馆详查历代僧道、庙宇、神灵之事，
以便确定哪些应准许民间崇祀、哪些应行禁止。有的移文甚至
点明应从《一统志》等书中查阅，这是方志存史、资政职能
的重要体现。

---

　　① 乔治忠：《清朝的修史制度及其特点》，载《中国官方史学与私家史
学》，北京图书馆出版社，2008，第93～94页。

从人员选任看，为解决史志编纂人员缺乏专业技能等影响质量和进度的问题，清朝采取了一些行之有效的措施，主要是"以科举考试而广泛收罗，行荐引延请而专门擢用，视真才实学而委以重任"。具体方式有：一是科举考试中增加史学内容和比重；二是允许采用举荐和延请方式聘用编纂人员，如徐乾学奉旨修《大清一统志》，曾聘请顾祖禹、胡渭等多人，郑江与修《一统志》也因受人举荐；三是对史才卓越者调以他职，委以重任。元、明、清三朝都有一批极具才华的文臣在一统志编纂机构里工作，如元朝有岳铉、汪世荣、赵孟节等，明朝有刘定一、钱溥、李泰、陈鉴等，清朝有徐乾学、方苞、顾祖禹、阎若璩等，这是促使方志馆设立发展乃至整个方志事业发展的最重要的保证。

其三，史志机构从密切融合变为逐步分离，方志馆等方志专业机构开始独立设置。清初沿袭旧制，史志机构融合，职能相互兼顾，关系十分密切。国史馆等机构不仅承担着国史的编修任务，而且实际承担了《大清一统志》等大量志书和相关历史文献的编纂工作。从其设置的十四志处、长编处、总纂处等机构名称和承担职能看，显示这不仅是国史馆所必需的，同时与方志编纂的性质和功能也是基本适应的。这种延续不断的史志融合体制和运行机制，不仅有效保证了一统志等志书的编纂，而且为方志馆今后的独立设置和逐步发展提供了先期经验，打下了扎实基础。

其四，地方纷纷设立史志机构，进一步推动了方志馆的建设进程。清朝作为中国方志发展鼎盛期的一个重要标志是，不仅中央政府设置了大批机构从事史志编修工作，而且对各地也提出明确要求。在这种传统和现实影响下，各地也纷纷效仿中央政府建立史志机构。客观上由于清初"藩乱"四起，中央政府虽已定一统志编修大局，但事实上又难兼顾，因而采取自上而下、先"下"后"上"的方式逐级谕令修志，并颁布《河南通志》等省级志书格式以为范本，同时给各地下达硬任务，继而州县志成而修府志，府志成而修通志，层层编修，逐级汇纂，最终修成《大清一统志》。这种体制格局大大拉动了各地的修志热潮。如康熙十一年（1672），一统志编修诏令下达后，两广总督金光祖即奉命在省城设局主修《广东通志》，同时还下檄各府州县修志上送。康熙二十年（1681）秋至康熙二十四年（1685）秋，黄贞泰出知四川南部时，因清廷敕修《大清一统志》而强调"奉宪檄纂修县志，事不容缓"，于是邀集邑绅雍居敬等，在城南书院等处设局新修《南部县志》。当时河北各府州县也普遍设馆修志，且多由知府、知州、县令任监修或总裁，聘进士、举人等贤士编纂。如，安平县令陈宗石便"慨然修辑，捐费聘贤，勒为成书，上于史馆，以备昭代《一统志》之所采择"；又如嘉庆年间设立的松江修志局，也聘请140多人参加，内分提调、总纂、总校等各种职务，仅采访员就有47人，规模同样可观；再如道光二十六年（1846），王瑞庆出任南部知县时，也曾开局再修县志；等等。可见，这种体制格局不仅拉动了各地修志热潮，同时客观上又助推了史馆等机构的发展兴盛。

当然需要说明的是，当时不论是承担一统志编纂的国史馆，还是方略馆等，都不是今天我们所指严格意义上的方志馆。但到后期，随着方志专业特性的日益显现和地位的日渐确立，随着统治者对方志事业的日趋重视，史志分离的趋势不断呈现，促使方志馆等专业方志机构开始独立设置并日趋发展完善。如，光绪年间山东通志局和宣统年间江苏通志局等地专业方志机构的设立，确实受到历史上各种史志编纂机构的影响，在原来基础上发展演变而成较为典型的方志馆。自宣统元年（1909）始，由缪荃孙任总纂的江苏通志局，便开始编纂多达352卷的《江苏通志》，辛亥革命爆发后工作中断，通志局也告撤销。后由民国恢复史称，《江苏通志》编纂未竟之业得以延续，从中也可见方志馆从古代到近现代一脉相承的历史联系。

三　民国时期方志馆的
　　艰难发展历程

民国短短 38 年间，各种战事不断，社会动荡不安，全国各地的地方志事业自然也受到极大影响，黄苇曾称之为"乱世修志"。但各时期各级政府仍通过建立机构、编纂志书、颁发政令等举措，试图强化地方志的官修地位，推进地方志事业发展，其中各种形式的方志馆在艰难时局中也得到了一定发展。

1　浙江通志局与民国方志馆建设事业的发端

1914 年春，浙江省督军朱瑞、巡按使屈映光决定续修《浙江通志》，并设立浙江通志局。1915 年制定的《浙江续修通志局组织大纲》第一条"定名"载明："本局定名为浙江通志局。"据查，1923 年 5 月，浙江省长官公署在《结束浙江通志局追加十一年度经费案》中，曾明确记载"《浙江通志》，创始于民国三年"。洪焕椿在《浙江方志考》中也有相同记载。尽管学界对浙江通志局成立的确切日期尚无定论，但在目前中国方志界中，它是中国近现代史上第一个省级方志馆当无疑义，因而也为中国近现代的方志馆事业作出了开创性贡献。当然，需要说明的是，就主要功能而言，浙江通志局仍是一个职能单一的志书编纂机构，与方志馆后来的发展特别是与我们今天所设计的以综合展示地情为主的方志馆仍有相当差别。

浙江通志局的创立与沈曾植所做的历史贡献是分不开的。沈曾植（1850~1922），浙江嘉兴人，清光绪六年（1880）进士，历任刑部主事、总理各国事务衙门章京、江西广信知府、安徽布政使等职。他为学严谨，以专治辽、金、元三史及边疆历史地理、中外交通史闻名当时。因其学识名望，他成为当时担此重任的不二人选。接受《浙江通志》总纂重任后，时年已逾60且体弱多病的沈曾植特地从上海来到杭州，手定《续浙江通志稿》凡例，规定上限自清乾隆元年（1736），以与雍正《浙江通志》相衔接，下限止于清宣统三年（1911）。由于沈曾植常住上海，因而多委托他人代行志书编纂、财务和日常管理等工作。

沈曾植所做的一件大事便是广揽人才。《浙江续修通志局组织大纲》规定：浙江通志局"延聘总纂一人，委任提调一人，其纂修四人，分修二人，协修四人，名誉纂协修无定额，特别征访员无定额，均由总纂延订。征访十一员，文牍二员，会计兼庶务一员，校对员书成后选派，书记随时增减，由本局提调委"。按此方案，通志局及沈曾植聘请归安（今湖州）朱祖谋、秀水（今嘉兴）陶葆廉与金蓉镜、海宁章梫与王国维、钱塘（今杭州）吴庆坻、仁和（今杭州）叶尔恺、海盐朱福清、吴兴南浔（今属湖州）刘承干等人参与纂修。通志局以徐定超、喻长林为提调，又设分纂20余人、各县采访若干人。这些人的加盟无疑是《浙江通志》编纂的幸事，如沈曾植对王国维便有"浙志得公相助，且为湖山生色"的溢美之词，王国维也先后为通志局撰写过《浙江考》等多篇文论，在其日记中也有"1月10日午后，书《通志考异》稿五页。12日，书《考异》稿二页"等具体记载。

这支编纂队伍中还有一位重要人物——徐定超。徐定超（1845~1918），永嘉县枫林人，清光绪九年（1883）进士，曾任国史馆协修、京畿道掌印监察御史，1915年春受聘担任浙江通志局提调。徐定超与沈曾植有30年交情，修志工作中两人配合默契。因当时沈曾植常住上海，"总有班老（注：徐班侯，即徐定超）到沪面呈"，工作辛苦程度可见一斑。1918年1月4日，沈曾植在上海设宴送别到温州征集文献的徐定超，未料5日凌晨，徐定超乘普济轮至吴淞江口外铜沙洋时死于海难。沈曾植惊闻噩耗，痛作《徐班老挽诗二首》："送君昨日话檐阿，岂料飞来薤露歌……卅年耐久交期尽，七齣齐眉命者耶！"同年1月7日，王国维在《致罗振玉书》中说："前日往温州之普济轮船在吴淞外失事，死者二三百人，徐班侯与其眷属皆罹其祸，可谓钜矣。"

上述这些续《浙江通志》的编纂人员都有从政经验，又多为浙江著名学者，熟悉浙江地情史事，是理想的省志编辑人选。在政局动荡之际，浙江在全国率先开展编纂通志工作，其艰难程度可想而知。人员选定后，还要解决办公场地问题。1915 年制定的《浙江续修通志局组织大纲》第二条言明："本局设于省城高桥巷后前省议会旧址。"省议会原系清末浙江省咨议局大院，后来成为国民党浙江省党部驻地，现为省公安厅办公地。据史料载，1915 年 8 月 13 日上午，徐定超、金蓉镜等"赴省议会旧址布设通志局，开始应办各事宜。其他分纂及庶务会计各员，日内即可一律到杭，遂定自昨日起，开始办理局务"。

当时浙江政府也十分重视通志局和《浙江通志》的编纂工作，1915 年 10 月，浙江巡按使公署专门发文，制订了《续修浙江通志征访细则》共 22 条。省都督吕公望还要求各县"迅速补送备纂，毋任延缓"。1916 年 11 月，因有的县对修志态度消极、行动迟缓，省长公署又多次发布训令，再次强调"事关重要"，应从速办理。

1990 年初，据曾任嘉业堂藏书楼第一任编目部主任的上海华东师大教授周子美回忆："那时王国维住在盐官家中，续修《浙江通志》，工作人员很少集中在一起，有时要商量就到嘉兴去碰头开会，平时各人写个人的。王国维较少参加会议，每月薪俸 80 银元，在当时待遇是很丰厚的。"另据研究，当时虽偶有"请款"之举，但经费总体上还是有保证的。这也从一个侧面反映了浙江通志局兴盛时的境况。

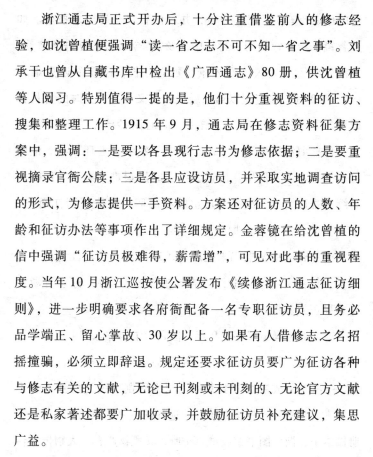

浙江通志局正式开办后，十分注重借鉴前人的修志经验，如沈曾植便强调"读一省之志不可不知一省之事"。刘承干也曾从自藏书库中检出《广西通志》80 册，供沈曾植等人阅习。特别值得一提的是，他们十分重视资料的征访、搜集和整理工作。1915 年 9 月，通志局在修志资料征集方案中，强调：一是要以各县现行志书为修志依据；二是要重视摘录官衙公牍；三是各县应设访员，并采取实地调查访问的形式，为修志提供一手资料。方案还对征访员的人数、年龄和征访办法等事项作出了详细规定。金蓉镜在给沈曾植的信中强调"征访员极难得，薪需增"，可见对此事的重视程度。当年 10 月浙江巡按使公署发布《续修浙江通志征访细则》，进一步明确要求各府衙配备一名专职征访员，且务必品学端正、留心掌故、30 岁以上。如果有人借修志之名招摇撞骗，必须立即辞退。规定还要求征访员要广为征访各种与修志有关的文献，无论已刊刻或未刊刻的、无论官方文献还是私家著述都要广加收录，并鼓励征访员补充建议，集思广益。

然好景不长，自 1916 年夏季，因政局动荡，军政长官更替频繁，报纸有缓办通志消息刊布，通志编纂工作便现颓势。同时，因沈曾植、王国维等人常居上海，事实上形成沪、杭两个修志中心，工作十分不便，更何况还有人只挂名拿钱而不干实事。这些情况都使得通志编纂困难重重。1916 年 1 月，王国维在《致罗振玉书》中便转引沈曾植的话说："乙老（注：沈曾植）云：今年经费尚未全有着落……颇复悲观。"但仍坚守的徐定超等人，据理力争，并且向省长公署要求拨款。如金蓉镜在给沈曾植的一封信中提及："今日班老复进署请款，传闻先给万元之说。看光景，延祸方长，请款愈迟愈难。"1917年2月，徐定超以通志局提调名义，呈文当时的省长齐耀珊，要求各地申报户口数据，同时附抄清单为海盐等43县，包括旧温属乐清、平阳、瑞安、泰顺、玉环5县。他们可谓矢志不渝，但毕竟国运飘摇，时局艰难，编纂工作时停时续，难以为继，编纂人员也陆续离职，续修《浙江通志》最终仍成未竟事业。据查，因存在各种困难，《浙江通志》编纂工作曾三度延期仍未完成。1923年5月，浙江省议会通过了省长咨文《结束浙江通志局追加经费案》，标志着浙江通志局正式裁撤。

浙江通志局虽仅存世9年，但它为中国方志馆事业作出了开创性贡献，其所存成果也为浙江后来的修志事业打下了基础，一些重要成果如国学大师王国维所撰志稿《两浙古刊本考》尤为世所重。据核查统计，遗存的《浙江续通志》300多册稿本中，浙江图书馆收藏204册，又藏物产志、人物传等传抄本48册（根据散落上海的原稿本传抄）；上海图书馆收藏文苑传、艺术传、选举、职官、金石、古迹、经籍各门稿本24册，又藏物产志、人物传稿本48册；嘉兴图书馆藏有城池、关梁、古迹、水利、田赋、蠲恤、积贮、钱法、海防等门稿本21册；上海师范学院收藏寺观、祠祀、陵墓等门稿本12册；另外还有数册散于全国各地。它们见证了浙江通志局短暂而又颇为辉煌的历史。

2 民国时期方志馆的发展过程

民国是我国方志馆事业发展的一个特殊时期。民国初期，中央政府十分重视修志。如在1914年、1917年及1919年，当时的教育部、内政部等部门，多次通令发文，要求各地编修方志，全国各地也因此成立了不少方志编修机构。在以后的数十年中，尽管系"乱世修志"，但同样必须承认的事实是，从总体上看，地方志的编修工作并未中止，方志馆的建设发展同样如此。1914年，中国近现代史上第一个省级方志机构——浙江通志局的成立，在全国方志界产生了重大影响和积极的示范效应。各地在纷纷借鉴、效仿的同时，还十分注重沿袭当地修志存史的优良传统，相继以开办通志局等形式加快发展地方志事业。而1929年南京国民政府内政部颁布的《修志事例概要》22条，对通志馆建设提出明确要求，更对各地方志馆的建设起到了直接的助推作用。

梁启超说过："方志地位，虽亚于国史，然编纂之形式，率沿唐后官局分修之旧，故得良著甚难，而省志尤甚。""工欲善其事，必先利其器"，成立专职机构对修志工作至关重要。据统计，民国时期共成立了23个通志馆，包括20个省级馆、2个市级馆。按时间顺序看，抗战前成立的有15个，抗战期间成立的有5个，抗战后成立2个，即：于1927年前设立山东、江苏、福建、四川等省份的通志局，于1929年到1934年期间设立广东、青海、陕西、新疆、湖北、绥远、热河、察哈尔等省份的通志馆，抗战期间设立江西、四川、宁夏等省份的通志馆，等等。其中开馆时间最长的是云南通志馆，前后维持了18年，最短的是台湾通志馆，成立仅1年便被改撤。就地域范围而言，华东以5个居首，西北4个，东北、华中各3个，华北、华南和西南各2个，台湾1个。尽管当时名称不尽一致（如有的叫通志馆、通志局，有的叫修志馆、修志局等），规模条件参差不齐，功能繁简不一，存世时间长短不同，但都是各地修志事业的重要平台。它们不仅为传承本地的方志文化和区域文明作出了重要贡献，也把方志馆的建设大大向前推进了一步，为中国的方志馆事业留下了弥足珍贵的发展经验。

民国初期的方志机构多以"局"命名。作为一种机构形式，"局"在19世纪前就已存在，但作为政府官制的重要组成部分，则始于清末民初，可以说官修方志在其中起到了直接的助推作用。当时《上海县续志》"建置"卷内专辟的"各局"一栏明载："前志仅载制造局，今推前志意，凡为厅局委设之局，均行采列。"该志为此还专门列表，详载了当时30多个以"局"命名的机构，并说明"可见'局'这种官方委设的组织，作为常规在地方上出现，是同治后期才开始的"。光绪年间山东通志局和宣统年间江苏通志局等地专业方志机构的设立，应当也是这种形势影响下的产物。

按方志馆最早成立的时间为序，此处仅对以"通志局""通志馆"等冠名的有关省级方志机构作简要梳理。

黑龙江通志局 在中国方志史上，黑龙江是最早设立省级

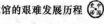

通志编纂机构的省份之一。早在清光绪十六年（1890），黑龙江就设有黑龙江舆图局，并开展了《黑龙江舆图》的编修工作，光绪二十三年（1897）还开展了《黑龙江通志》的筹编工作并拟定了《黑龙江通志条目》。光绪二十五年（1899）《黑龙江舆图》告成。光绪二十六年（1900），因编纂经费等原因，通志局宣告暂停。

进入民国后的1913年，当时的黑龙江民政长朱庆澜专门上呈《呈大总统创修黑龙江通志谨陈筹办情形文》，同时制定了《黑龙江通志局章程》。1914年8月通志局成立后，由涂凤书任局长，巡按使公署次年还拟定了《黑龙江通志目录》。1919年11月通志局再次停办，1929年又重新开局。但"九·一八"事变后，通志局书牍及所成稿被焚无遗，有关总纂、纂修或去或病，通志局已无法再支撑下去。后经已卸任的省政府主席万福麟等出资并多方努力，《黑龙江志稿》终于编成。尽管通志局几经起落，此书编修前后历经40年之久，甚至该书曾自谦"不敢居通志之名也，曰《黑龙江省志汇稿》，方副其实"。但它毕竟是黑龙江第一部较为完整的省志，特别是在国难深重之际，此书成稿更为不易。

广东通志馆　1915年，广东修志馆（又称广东修志局）正式成立，地址在广州聚贤坊的广雅书局，由省政府聘任馆长1人、总纂2人、征访与顾问若干人、纂修10人，馆长还自行委任、聘任了统计员、绘图员、总务主任、缮校等多人，其规模之大可见一斑。1928年，时任广东民政厅长兼中山大学副校长的朱家骅提出纂修《广东通志》的议案，经省政府四届委员会第 107 次会议讨论通过后，交中山大学办理，故将广东修志馆改名为中山大学广东通志馆（又称广东通志馆），聘广东省时任教育厅厅长兼中山大学校长的许崇清任馆长，并规定校长全面主持方志馆工作，馆址也设在广州中山大学西楼。中山大学为此专门成立广东通志馆委员会，由校长聘请若干位教授及 5 位纂修组成，同时在校内还聘有助修兼征访员、绘图员、缮校等专兼职人员，另外在全省划分 5 区，由校长聘选专人负责修志，并由各地自行聘任一批采访员专事此项工作。这种做法不仅大大节省了政府财政开支，也由于学校师生直接接触到方志工作，从而有效提升了方志的学术质量。

1932 年，邹鲁接任校长后，也帮助通志馆做了大量通志编修工作。他主张学校应与社会建立联系，应能担负更为重要的社会责任。他所主持的中山大学对通志编纂工作也格外重视，一时广东区域历史文化研究在校园内蔚然成风。该校出版的《文史学研究月刊》便刊登了《广东通志》的编纂体例、总目及说明、征访体例、征集广东名人传条例等资料，罗香林的《广东通志民族略系篇》、朱希祖的《广东通志馆征访条例》《广东通志略例及总目》《广东通志总目说明书》等，都是那个时期通志重要的编纂实践和研究成果。

纵观广东通志馆的兴衰历程，尽管各时期都有不少人士胸怀热忱积极参与，修志成绩斐然，但毕竟缺乏安定的社会环境和政府足够的支持，因而无论是早期的省修志馆还是中山大学通志馆，大多以热热闹闹开局、冷冷清清收场，正如李泰棻所言："省吏多非士林，上焉者以志馆属之僚绅，下焉者并设此以置亲故，故立馆而终无成者有之，成书而言之无物者亦有之。以较清代，反多远逊。"这也成为民国方志馆发展的典型模式。

贵州通志馆　1919 年贵州通志馆成立，其为征集资料所颁发的《采访条例》要求："通饬各县修理志乘，凡已修者，当应续修，未修者，当应新修"。当时还要求"将采访所得，陆续具报，上应首善之征求，汇辑成篇，下备一方之纪载"。但 4 年后，通志馆因滇军军阀唐继尧入侵而停办。1930 年恢复，不到 1 年，又因军阀内讧而中断。1935 年国民党势力进入贵州，再次组织修志，其中数经人事变迁，拖至 1944 年，因日寇侵入而再次中断。"累次设局，历多年而成断简零篇，或竟乏片纸只字者。"但经历代修志者坚持不懈的努力，到1948 年，前后花费近 30 年时间，总计为 171 卷、分装 105 册、卷帙浩繁且史料丰富的《贵州通志》终于付印，编修工作也告完成。

安徽通志馆　1920 年，民国安徽通志馆始建，陈澹然任馆长。因时局动荡，经费不足，旋即关闭。1930 年 8 月，安徽省政府召开会议，到会委员提议援引江浙两省先例，设馆兴修本省志书，于是会议决定成立安徽通志馆筹备处。9 月 19日，安徽通志馆在省城安庆开馆。先是租赁安庆状元府街张姓私宅为馆址，但馆舍狭窄，昏暗潮湿，条件简陋。经通志馆呈请，1932 年 6 月，省政府同意将教育厅教育成绩展览室的西侧两栋楼房中的 17 间给通志馆。通志馆将上层 12 间作为馆长、副馆长、事务股主任、会计、文书股主任、管理员等办公室，下层 5 间则是办公、会议、庶务、书记和勤务室等场所，至此办公条件大为改善。通志馆设正副馆长、总纂各 1 人，编纂和特聘编纂若干人，多时有 60 多人，均由省政府聘请。内设文书股和事务股 2 个重要机构，文书股办理公文函牍稿件、收发文件、保管案卷、绘制图表以及收藏图籍、志材、志稿和校对志稿工作，采访员采辑志材所需的各项采访表格亦由文书股拟定格式；事务股负责编造预算、出纳款项、购置图书物品及职员考勤。文书股和事务股主任及职员均由馆长聘任。通志馆还制订了《安徽通志馆组织规程》，对修志机构作出具体规定。1938 年，安庆沦陷前夕，通志馆将馆内藏书和各种志稿、志材运至桐城小龙山花山中方寺密藏。1942 年，日军在桐城大举扫荡。12 月 2 日，迎江寺住持本僧率众僧将这批藏书秘密运回安庆，庋藏于迎江寺振风塔第三层，这批文献得以幸存。1946 年 9 月，省通志馆在安庆恢复建立，但因经费等问题，通志馆与安徽省文献委员会龃龉一直不断。当年 12 月，省政府又决定将省通志馆并入省文献委员会并由其管理。但在战火不断、民生凋敝的时代，通志馆空耗经费、无所作为，也难免招致报纸的挞伐、社会人士的指责和文献委员会的诘难，整理《安徽通志稿》的愿望最终仍然未能实现。1949 年 4 月 23 日，安庆解放，通志馆被军管会文教部接收，馆藏文献也辗转至安庆市图书馆和安徽省图书馆存藏。

河南通志馆 1921 年 12 月 19 日，经河南省议会审议通过，在开封成立河南通志馆，同时成立河南金石修纂处，由时任省议会议员、有"河南一支笔"之誉的许钧任金石修纂处

主任兼纂修，专修《河南金石志》。后来，河南省政府将河南
通志馆和河南金石修纂处合并，由教育厅直辖，改名为河南省
政府教育厅重修河南通志处，仍由许钧任协修。1924 年后，
由于政局动荡，机构时存时亡，修志时续时断，虽然花了 10
多年时间修了一部志稿，但由于抗战爆发未及付印，稿件也被
运至四川，抗战后再运回来时已损失大半。因此，该局实际上
"只保持'重修河南通志局''重修河南通志处''河南通志
馆''河南通志编审委员会'等机构名，直到解放，始终未能
成书"。

奉天通志馆　早在 1907 年，清政府民政部便给东三省总
督下文，要求"酌量设局，重修通志"，但应者寥寥。1928 年
张学良主政东北后，东北地区呈现出相对稳定繁荣的景象，编
修省志工作也被提到议事日程。1928 年 11 月 1 日，时任东三
省保安总司令的张学良和奉天省长翟文选，共同议定成立奉天
通志馆，11 月 17 日联合署名下发通令，并于 22 日在《奉天
公报》全文公布，动员征集官府图书和私家著述，以形成
"合大小县治而为省，征古今文献以成书"的局面，《奉天通
志》编修工作随之正式展开。张学良亲任通志馆总裁，强调
"盛京为胜朝发祥之地，志书为一省文献所关，续议纂修，实
为巨典。学良自愧不文，惟义笃敬恭，既承推举，自当随诸公
之后，乐观厥成"。通志馆副总裁，正副馆长及总纂、纂修等
职务，均由省长延聘硕学名儒担任。前后参与编纂的有 80 余
人，其中担任总纂的有 7 人，纂修达 17 人，分纂达 10 人，如
张学良恩师白永贞、著名学者吴廷燮、金毓黻等均曾参与其中

并作出重大贡献。通志馆最初设在藏有《四库全书》的故宫文溯阁东院，后移到小南关合兴福胡同一座四合院内，共有瓦房20间。随着1930年奉天改称辽宁，奉天通志馆也改为辽宁通志馆，1931年"九·一八"事变后恢复馆务时，仍为奉天通志馆。

《奉天通志》编纂从1928年11月开始，到1935年编竣，历时7年。其间奉天通志馆尽管因"九·一八"事变曾陷于停顿，1932年伪满省长臧式毅也"主持"过馆务工作，但一批有志之士对传承民族文化矢"志"不渝。如当时日军曾请白永贞任地方治安维持会副会长和伪满州国文教大臣等要职，被他严词拒绝："国土沦丧，我痛不欲生，何惜一死？"他仍倾力于《奉天通志》的编修，最后经吴廷燮、金毓黻等共同努力，终于成就了一代巨著。

甘肃省通志局 1928年，甘肃省通志局成立，编制70人，并分别拟定了《甘肃通志馆章程》和《甘肃通志馆办事规则》等详细规程。省政府为此还拨银洋35万元用于编修《甘肃通志》，由时任省政府主席刘郁芬等督修。1932年又改为甘肃通志馆，由时任省民政厅长杨思任馆长，张维任副馆长。后因战事频繁，省政府主席频频换人，财政也十分拮据，修志工作难以为继。1934年，原定5年期限已到，但编纂工作并未完成，且面临经费停发、人员遣散之忧，此时张维等人商约由私人负责、义务尽责，坚持修志。1936年，经过修志人员8年的艰辛努力，130卷450万字的志书终得编成。

河北省通志馆 1931年9月，河北省通志馆在天津成立，为《河北通志》的专门编纂机构，由时任省政府秘书长的刘善琦兼任通志馆馆长，聘请曹树殷为总纂。以后，瞿宣颖、高凌霄等先后也任过馆长，通志馆还拟定了《河北通志目录》，后来方志学家甘鹏云也参与其中并撰成《河北通志凡例》。1937 年 7 月抗战爆发后，馆中人员纷纷离津，总裁张国淦则携部分志稿、史料南下，通志馆也成了汉奸高凌霄的私家宅第，河北通志馆和省志编纂至此中止。

云南省通志馆　1931 年 9 月，云南通志馆正式成立，由时任省政府主席的龙云主修，周钟岳、赵式铭等编纂，至1944 年完成《新纂云南通志》定稿，1949 年 2 月卢汉任省政府主席时铅印成书 800 部，正式刊行，历时 18 年。《新纂云南通志》计 266 卷，分别装订成 140 册，"全书共六百四十八万二千七百余字，表五百三十篇，地图一百九十八张，插图七十八张"。云南省通志馆因而也成为民国时期存续时间最长而又成就卓著的省级方志机构。

上海市通志馆　1928 年，上海与江苏完成治权划分，成为特别市。1930 年 1 月，市教育局向政府提出"设立市通志馆，兴修市志，以垂永久"的请求，市政府 148 次市政会议同意当年成立上海市通志馆，并成立筹备委员会，拟定《上海特别市通志馆组织规程》《编纂人选标准》等文件。1931 年 4 月，上海市通志馆筹备委员会在市府礼堂举行成立大会，时任市长张群在讲话中说，地方志是国史取材的重要依据，编修市志"是本市很重要而值得纪念的事"，本府和各位筹备委员"责任所在，无可旁贷"。委员会成立后，尽管在收集资料、编制《上海史表长编》等方面做了一系列准备工作，但总体进展并不顺利。

1932年1月，吴铁城任上海市市长，准备正式成立通志馆，并拟请柳亚子出任馆长。柳亚子（1887～1958），江苏吴江人，出身于书香世家。1909年他参与创立"南社"，1923年与邵力子、叶楚伧、陈望道等组织新南社，曾任国民党中央监察委员、江苏省党部常委兼宣传部长等职。1927年后他因屡屡反对国民党，最终被开除国民党党籍，1948年参与组建中国国民党革命委员会，任常委兼秘书长。

起初柳亚子对此事一口拒绝，后吴铁城又请邵力子帮忙劝说。柳亚子表示，要担当此任，必须答应他三个条件：一是志书编辑方针、通志馆人事等事务，不得受外界干涉；二是志稿须突破"官书"惯例，使用白话撰写；三是通志纪年一律以公元为主，年号为辅。其中第一个要求是为排除当局干扰，而后两个要求在当时却是被视作"有损尊严"和"破坏法统"。柳亚子表示，当局必须完全接受这三个条件才会考虑任职。后经邵力子从中协调，吴铁城终于答应。胡道静先生在《〈上海市通志馆〉〈上海市通志〉及〈上海史料之搜集保存者〉》文中也有记载：市通志馆为上海市政府直属单位，柳亚子馆长由国民政府直接任命，这种情况在民国时期各省中是独一无二的。"柳亚子之所以接受此职，更深层次的原因是这项工作极具挑战性和开拓性……近代上海包容的就是这样一部矛盾交叉和关系复杂的历史，编志的意义非同寻常。"柳亚子说得十分清楚，"上海市通志馆，实为以科学方法研究地方史料之首创者，允宜列为永久机关"。在各方努力下，上海市通志馆于1932年7月15日正式创办，馆址设于萨坡赛路（今淡水路）291号。当时除馆长柳亚子外，还有副馆长朱少屏，下设编辑部（内有名誉编辑主任、编辑主任、编纂、特约编纂、采访员等多人，聘胡道静等人为编纂）、总务部（一说事务部，设有文书课、会计课、庶务课等机构），通志馆办有《上海通志馆期刊》，另外还成立了"上海通社"和"市年鉴委员会"两个附设机构，其主要职能是通过研究上海地方史和编纂年鉴为通志编修服务。

但在当时的历史条件下，柳亚子领导下的上海市通志馆同样命运多舛。原计划以1年为期编成至少250万字的《上海通志》，后改为4年。编修因抗日战争全面爆发而中止，共撰成志稿1000余万字并排出部分三校清样稿。1945年抗战胜利后重新开馆，次年改为上海文献委员会，内设机构也作了相应调整。但直到上海解放，《上海通志》编纂任务仍未完成，所成书稿经多次辗转，由震旦大学图书馆移交给上海市文化局，最后由上海市博物馆收藏保存至今。

广西省通志馆 1932年3月，广西省政府在南宁设立广西省修志局，由时任省主席黄旭初亲自兼任督办，马君武任总纂，另设协纂、分纂若干。1936年冬通志馆迁至桂林，1938年因抗战停办。1942年冬，复设广西省志编审委员会。1943年1月，改称广西通志局，同年3月，又改称广西省通志馆。该馆下设编纂、襄纂及秘书、干事、办事员、书记等职位。1947年7月，馆内机构改组，取消副馆长及干事、办事员职位，改设第一组、第二组，馆务分为行政、组织人事和业务3大类。业务包括广西省志编审工作概要、广西大事记编纂计划（初稿）、省文献委员会及该馆关于调查与报送文献志材图表及私家谱牒的办法、编纂、襄纂及职员的业务来往信函与电报、省修志局与各县采辑处的来往信函、广西文献资料初步调查材料、广西通志稿目录、省属地方志书一览等，可见其详尽规范的程度。

抗战时期的浙江通志馆　国民政府时期的浙江通志馆成立于1943年。1937年抗日战争爆发，同年12月浙江省会杭州沦陷，浙江省政府先期已从杭州撤退至金华永康县方岩乡，1942年5月自永康迁松阳，后又迁至云和，其时省级有关部门均随省政府迁行。早在1940年11月，曾任民国众议院代理秘书长、司法部次长、广东通志局总纂（辞未就）和浙江参议会副议长的浙江龙游人余绍宋，便在省第一届临时参议会第二次会议上正式提出《拟请省政府设委员会征集通志县志材料》的议案。提案指出："文献赖志书以存，其为重要，自不待论。惟向来省县政府，多未措意及此。故一遭变乱，散佚无遗。即如浙西各县，经此沦陷，一切地方掌故训令档案，从前因未有人负责收集整理，遂至无从移出，以后更无人考征。其损失之浩大，岂容思议。前车已覆，来轸堪虞。自宜略仿清儒章学诚《各县应设志科》之议，先时预为之备。由省政府通令各县，聘请有学识之绅士数人，组织一委员会，专司其事（小县则不必设会，专聘一二人任之亦可）。拨定经费，以供采访抄录之需。其浙西沦陷各县，仍宜设立。一面征佚补亡，一面专记沦陷后情事，以备异时载入志书，藉资警惕。省会则由省政府聘请淹通博雅士绅若干人，组织委员会，以总其成。其详细办法，应由民政厅详为拟定。经费一层，则需稍裕，方足尽其能事。如是则将来事定后，编成志书，不患无所取裁，可成信史。万一有变，亦能转徙，不致散亡，实为目下急要之务。或谓当此抗战之时期，不必为此不急之事，不知文献是历史根基，无历史则无人类社会，失其凭藉，而民族精神，亦无从资以发挥，未可忽也。"①

余绍宋的这个提案，受到不少有识之士的重视。1942 年 5 月经当时的省民政厅长阮毅成、省教育厅长许绍棣提议，省政府决定成立省史料征集委员会，任命余绍宋为该委员会主任。时任省政府主席的黄绍竑在致余绍宋的信中说："通志为一省之史乘，罗纲文献，垂示来兹，所系綦重……事在千秋，当仁何让"。次年，在省政府第 1302 次会议上，决定筹设浙江省通志馆，省政府为此发布了训令。黄绍竑又聘请余绍宋为馆长、凌士钧任副馆长，孙延钊、钟毓龙任总编纂，下设编纂及分纂共 20 余人。黄绍竑还亲自选定在云和县大坪村设馆，于是余绍宋一班人便在这个穷乡僻壤中正式开始了《重修浙江通志》的编纂工作。当时通志馆设正副馆长各 1 人，内设编纂室、秘书室、采辑室、总务课、会计室等机构，不同时期有 20～40 名工作人员。省通志馆同时还在浙东临海县、浙西昌化县各设有一所办事处，并在各地聘有一批采访员、编纂员等专兼职人

① 龙游县政协编《余绍宋》，团结出版社，1989，第 32～33 页。

员。为规范有序地开展工作，通志馆还编有"组织规程"等一系列文件规则。

当时是"乱世修志"，通志馆至少面临断修时间长（由于历次通志均未修成，因此实际间隔已长达 200 多年，接续难度大）、时间紧、通讯不便和缺史料、缺人才、缺经费这 6 大困难。对修志的经历，余绍宋曾以"窜身穷苦，茧足荒山，冲寒徒跋。莫漫多愁，天涯何处容安泊"的诗句记之，可见当时修志的艰辛。

抗战时期的浙江通志馆旧址

抗战胜利后，浙江通志馆又随省政府迁回杭州北山梅庐继续修志。1949 年 3 月，通志馆暂停工作并告解散。至此前后共计 6 年，共编志稿 125 册（未分卷），约 500 万字，同时还采集了总量在 5 万件以上的史料文献。同年 5 月，杭州解放，当时的通志馆负责人、秘书谢邦藩个人署名并钤印的给解放军华东军区杭州市军事管制委员会文部一份报告称，"全浙文献，求之不易，散失自属可惜，拟请指定有关机构接收保管"。5月11日，杭州市军事管制委员会文教部军代表接管了浙江省图书馆、博物馆、通志馆和体育专科学校。后来浙江通志馆所编纂的《重修浙江通志稿》一直交由浙江图书馆保存至今。

南京通志馆 1946年11月，南京通志馆在秦淮河畔夫子庙泮宫155号一栋小楼正式成立，此楼也由"青云楼"更名为"征献楼"。该馆的工作人员大多为专家学者、乡贤耆宿，对本土历史人文颇有研究，由名望一时、知识渊博的卢前任馆长。通志馆当年12月初便开始公开接受社会各界所藏"惠贤所著书稿及遗像等"，还接受"有关抗战期间之死难市民、忠烈事迹"，"无论开具简略或前往该馆口述者"都受到欢迎。此外，馆员们还深入社会不同阶层探访，奔波于市内各个角落寻觅线索。

次年1月，该馆还创刊出版了《南京文献》，相继整理出版了67种金陵乡邦文献，收录的年代最早的文献是元代张铉的《至正金陵新志》，另有明代《金陵古今图考》《洪武京城图志》《秦淮志》《南京气候志》等一批珍贵志书。其中，《倭寇祸京始末纪》《丁丑劫后里门闻见录》《陷京三月回忆录》，都是当时不可多得的反映侵华日军南京大屠杀的真实史料。此外，该馆还编辑刊印"征献楼金陵秘笈丛书"等文史资料，其编辑出版的《南京》一书，则比较系统地记述了本土地理形胜、城市介绍等方面的内容。1948年南京市文献委员会正式成立，通志馆随后归其管理，卢前仍兼任委员会主任。直到1949 年新中国成立，南京通志馆才被撤销。

3 民国时期方志馆发展的主要特点

首先，各级政府普遍重视方志馆建设。

民国初期，各级政府沿袭了重视方志编修的传统。1927年南京国民政府成立后，同样十分重视地方志事业，从而也为全国各地通志馆等修志机构的成立提供了客观条件。1928 年10 月，刚就任国民政府文官长的古应芬向国民政府主席呈文，提出"各省省志、县志失修已久，长此不加整理，必至事实湮没，似应令行各省设局修理，并谕各县一律修理"。此议随后为第 11 次国务会议采纳，内政部和各省政府先后接到行政院训令，各地的修志工作得以全面展开。此后，民国政府内政部等部门又先后于1929 年、1930 年、1934 年、1944 年、1946年等多次下文，对志书编修周期、资料征集、编纂方法以至审核程序、印刷出版规范等问题都提出了详细、严格的要求，实际也是规范方志馆的建设，从而在不同程度上又推进了方志馆的建设进程。

例如，1929 年 12 月，国民政府内政部以训令形式颁布了《修志事例概要》，文中明确指出："各省应于各省会所在地，设立省通志馆，由省政府聘请馆长一人，副馆长一人，编纂若干人组织之。""各种通志馆成立日期、地点、暨馆长、副馆长、编纂略历，并经费常额，应由省政府报内政部备案。"

"各省通志馆成立后，应即由该馆编拟志书凡例及分类纲目，送由省政府转报内政部备案。""各通志馆应酌量地方情形，将本省通志成书年限，预为拟定，送由省政府转报内政部备案。"从机构名称、人员配置、经费安排等行政要务，到志书凡例、分类纲目等业务问题，训令都作了明确规定，由此构建了一套国民政府内政部统一管理、地方政府直接负责的通志馆运行体制，大大推进了当时的修志事业和通志馆等方志机构的建设进程。

《修志事例概要》颁布后，各级政府和各类官员普遍开始关注修志，有的省市行政长官甚至亲自主持通志馆的筹建工作。如，时任察哈尔省政府主席宋哲元"设通志馆于省府"，当时的热河省政府主席汤玉麟、绥远省政府主席李培基、上海市市长吴铁城、陕西省政府主席杨虎城、云南省政府主席龙云等纷纷主持筹办通志馆，着手启动通志编纂工作。此外，还有的行政长官干脆直接任职于通志馆。其中，张学良任奉天通志馆总裁、河南省时任政府主席刘峙任河南通志馆总监修、甘肃省时任政府主席刘郁芬任甘肃通志馆督修，宁夏省时任政府主席马鸿逵、云南时任省长周钟岳等，分别出任各自所在地的通志馆馆长一职。

然而，这种局面很快便被日本帝国主义的侵华战争打破。1931年"九·一八"事变后，位于东三省境内的奉天通志馆首当其冲，所有馆务工作陷于停顿。特别是1937年"七·七"事变和上海"八·一三"事变等相继发生，各地方志馆受到极大冲击。据统计，1935～1940年间，除少数机构（如由日伪政府主持的奉天通志馆、河南通志馆等）仍在运作外，各地非但未成立新馆，广东、安徽、山东、河北、绥远、热河、陕西、甘肃、新疆、上海等地已建成的通志馆也都相继停办。

随着抗战形势的逐步好转，各地通志馆的筹建工作又逐步得到恢复。在此背景下，国民政府适时调整全国修志规划，于1944年5月召开行政院第660次会议，通过了内政部制定的《地方志书纂修办法》，规定"省志30年纂修一次，市志及县志15年纂修一次"，要求"应由各省、市、县政府设立修志馆"。与此同时，民政部还颁布了《市县文献委员会组织规程》，明确要求"市县政府得依本规程设置市县文献委员会"，"委员会以市县政府民政科长、教育科长、区乡镇长、中心国民学校校长、图书馆长、民众教育馆馆长及市县党部代表为当然委员，并得延聘熟悉地方掌故硕学通儒为委员，互推一人为主任委员，综理事务，并指挥监督所属职员"。民政部还要求"文献委员会得设置总干事一人，干事若干人，并得酌用雇员；总干事及干事一人委任，余由主任委员就县市政府及所属机关内遴员，呈请市县政府兼派"。这里的"文献委员会"似是一个与方志馆平行的政府机构，从行政层面加大官修方志力度，客观上也助推了方志馆的建设和发展。

其次，各方志馆较为重视史料的征集和收藏。

注重史料文献的广征博收、收藏利用是当时各类方志馆的一个普遍特点。

如，徐定超任浙江通志局提调期间，拟定征访细则和政府公文，要求分门别类整理官牍档案资料，以补旧志和采访之不足。1915 年 9 月，他还以浙江巡按使公署名义，发文要求各地 5 个月内将乾隆到宣统年间的疆域分并、城署桥梁、运河堤岸、人口增减、税厘、钱法、海运等各种资料，分门别类、明晰起止时间、造册备案之后送到浙江通志局，供修志人员参考选用。

上海通志馆成立后，也十分注重资料的征集、整理工作。柳亚子曾亲致信函，大力征集"上海市各机关团体之组织概况"。该馆还公开发布《征集史料启事》，征集范围"包括上海市各机关、团体、学校、工厂、公司等之资料，以及前代人物传记，与天时、地理、人文、风土等记载"。胡道静对此曾有详细记录：一是收集古今中外包括旧志在内的图书资料，如特别注意收集反映租界情况的年刊，以准确反映十里洋场的情况；二是收集旧报纸，如通过关系进入徐家汇天主教会图书馆，阅读并购买报纸以收集有价值的资料；三是收集刊印旧志，如花巨资将保存在天一阁中最早的明代弘治上海志进行翻拍刊印；四是收集衙门、商业会馆、同乡会馆等机构碑刻中有价值的史料；五是收集商业资料，如有的原被视为商业机密的年度报告，时过境迁后已成废纸，通志馆为此收集了数千本之多，用作编纂的重要参考资料。① 由此，可见其收集资料面之广、量之大，同时收集难度也很大。据 1933 年《上海通志馆期刊》第 1 期《发刊词》载：当时"社会人士对于当地文献尚少重视，不但应征志料

---

① 胡道静：《上海通志馆及上海通志稿》，《上海地方志》2012 年专刊。

可称绝无仅有，即本馆案发各种调查表格，未见寄回的颇多，因此在搜求方面，工作进行不能如预期的顺利……整理考证方面，处处觉有事倍功半之感。"①

广泛地征集既为各地修志提供了大量史料，无疑也成为各家通志馆珍贵的史料遗产。如广西省通志馆所藏史料丰富，全宗档案共990卷，分为馆务和史料两大部分，档案起止时间为1921～1949年。该馆仅"地理类"资料便有广西地理沿革图、广西地理郡县沿革、广西通志稿、广西地理疆域、各县疆域调查表、广西全省地质图、各县市地质概要、各县城池建置史料、各县乡村一览表等；"文化类"的则有宋、元、明、清铁钟石刻及木刻碑文、广西省政府石刻拓本目录、桂林石略及各县古物调查表、广西历代文人艺文录、广西艺术汇载、全省各地戏剧活动情况调查材料、广西文化团体和图书馆及博物馆并展览会调查材料，等等。这些都是修志的重要史料文献，也为后世了解区域历史文化保留了一大批珍贵资料。

第三，"官""学"并举，"建""研"并重。

民国时期，各级政府主官对修志工作的亲力亲为，大多还是一种象征行为，因此聘请名宿硕学担当总纂及纂修，成为当时方志界的一种普遍现象。如，金毓黻等人主纂《奉天通志》，吴宗慈主纂《江西通志稿》，李泰棻主纂《绥远

---

① 金建陵、张末梅：《南社与民国方志建设》，《中国地方志》2004年第7期。

通志稿》，余绍宋主纂《重修浙江通志初稿》，等等。各通志馆聘用的编纂人员，也多为博学之士。与此同时，一些文化团体也参与到通志馆的编纂工作中来。如近代拥有 1000 多人并散布于全国各地的著名文学团体"南社"，其社员普遍供职于当地通志馆并参与方志编纂。其中，"南社"创始人之一的陈去病曾任江苏通志局局长，黄节担任过广东修志馆馆长。柳亚子在出任上海通志馆馆长之前，也向上海市政府提出，要求从馆长到馆员，全部为"南社""新南社"的成员。①

将通志馆移交大学办理，也是民国时期修志的一个显著特色。如 1932 年，经时任广东省政府主席林云陔致函中山大学，广东通志馆正式移交该校，时任校长邹鲁亲自出任馆长，编纂事宜"聘请史学专家总其成；其有关于地理、天文、测量、物产等事项，则分交理工农各学院办理。"该校理工学院徐甘棠为通志馆主任，中国语言文学部和历史学部名誉导师温丹铭为纂修，而参与各门类编纂工作的罗香林等人均任职于该校，甚至广东通志馆一时也被人称为"国立中山大学广东通志馆"。同样，云南大学教授方国瑜也曾任职于云南通志馆。河南通志馆于 1934 年移交河南大学后，根据《河南通志馆组织章程》，馆长一职也须"由河大校长兼任"，等等。

---

① 胡道静：《柳亚子与上海市通志馆》，《中华文史资料文库》第 14 卷，中国文史出版社，1996，第 608 页。

　　大批文化名人、学术大家的参与编修，不仅大大提升了地方志书的质量水平，而且有效促进了方志学理论的发展繁荣。学者们通常以会议、函电、书信、报刊专栏等形式，分别就方志源流、方志体例、编纂规范等各种问题进行广泛探讨和交流。如，广东通志馆纂修朱希祖对"通志"定义作了新的诠释："通志之名，媲于通史，肇自远古，讫于当今，是名曰通。"1923 年，梁启超在《东方杂志》发表《清代学者整理旧学之总成绩——方志学》，开创了方志学研究的先河。1935 年，绥远通志馆的李泰棻和河北通志馆的傅振伦相继在上海商务印书馆出版了《方志学》和《中国方志学通论》。此外，湖北通志馆总纂王葆心的《方志学发微》、江西通志馆总纂吴宗慈的《方志丛论》、河北通志馆纂修甘鹏云的《方志商》等，都是当时方志学的研究力作。同时，这种学用结合的实践，也有效推动了方志馆事业的发展。

　　但民国毕竟是"乱世修志"，即便某一时期、某些官员再重视，方志工作者再努力，从总体上看，方志事业并未得到应有的发展，方志馆同样如此，正如朱希祖所言："及至抗战，又视为不急之务。不知存亡绝续之交，史务尤宜重视。"仅从大多机构冠以"通志馆"就可得知，这些机构大多限于修志，有的连最基本的修志业务都难以为继，更遑论其他方面的发展，因此大多并非真正意义上的方志馆，事实上也不可能建成今天标准意义上的方志馆。同时，由于未修全国一统志，所以当时也没有全国性的方志馆，各省修志基本也是各行其是，缺少全国统一的领导和指导机构，这当然是那个时代的重大缺憾。

需要特别说明的是，民国各时期所建的各种类型的"通志馆"是当时方志馆的主要形式，但"通志馆"与"方志馆"还不能完全画等号，这里主要有几个原因。一是就志书概念本义而言，"通志"有其特定的含义，它一般是指贯通古今的省志。尽管自古至今一些州府志书也有贯通古今的形式，甚至有的市县志书本身就冠以"通志"之名，如仅浙江省，历史上就有陈训慈所主编的《鄞县通志》，也有近年出版的杭州市余杭区（县级）的《余杭通志》，但方志界大都不视其为"通志"，这是历来对"通志"约定俗成的共识。事实上本书所介绍的民国时期的"通志馆"，大多也是由省级政府主办、以编纂省级志书为主要职能。二是从当时各种类型的修志机构看，它们的名称十分丰富，并不都冠以"通志馆"，而且也不仅仅是编纂省级志书。例如，1914 年广东省成立的"广东修志馆"等。三是其职能也大多限于修志，与今天所言的综合性地情展示有较大区别。从这个意义上说，今天我们所说的"方志馆"不仅在名称上与"通志馆"不同，而且其功能和涉及范围也不一致，应当说前者比后者内容更丰富、范围更宽泛、收藏及展示手段也更为现代化，这是后者所难以企及的。

四 各类相关机构对方志馆
发展所作的贡献

回顾历史可以清晰地发现，中国的方志事业之所以能发展到今天，除方志界自身因素外，图书馆、档案馆等相关领域的建设实践和引领示范也为方志馆的建设发展提供了重要的借鉴范本。特别是真正意义上的方志馆在历史上出现时间很晚，在相当一个历史时期内，除了本书前面所介绍的古代史馆等机构外，图书馆、档案馆、博物馆等机构与方志馆的融合度同样较高，关系密切，因此研究这些场馆的发展历程以及它们与方志馆的密切关系，对当代新型方志馆的建设同样具有积极的借鉴意义。

1 藏书楼、图书馆与方志馆发展

在中国文化发展史上，除了古代官方所开设的史馆等机构外，自古以来的藏书楼与近现代开始出现的图书馆，无疑与方志馆关系最为密切，相应贡献也最为显著。

藏书楼对方志馆建设的历史贡献与借鉴价值

中国的藏书文化源远流长，至今已有 2000 多年的历史，各种形式的藏书楼则是传播传承这一文化的重要载体。据文献记载，最早的私人藏书楼始于北魏，其后历史上曾相继出现过几千座藏书楼，其中有影响的就有上千座。秦汉以来，私家藏书与官方藏书各有所长，呈交相辉映之势。特别是唐代出现雕版印刷技术、书籍开始普及，又把藏书文化大大向前推进了一步，至宋元已成风尚，明清则更是达到鼎盛水平。藏书楼在为中国文化史作出重大贡献的同时，也以替代、融合、借鉴等不同方式，为中国的方志馆事业作出了独特贡献，以下几例便十分具有代表意义。

浙江宁波天一阁　天一阁由明代收藏家范钦所建。范钦（1505～1585），浙江宁波鄞县人，明嘉靖十一年（1532）进士。曾任湖广随州知州、广西参政、福建按察使、兵部右侍郎等职。范钦一生嗜书，凡官至一地，皆留意当地典籍。离职后回归故里，又以藏书为乐，尤其广事收购各地新编地方志书，所藏日丰，于是在宁波月湖之西、宅邸之东建天一阁藏书楼，以庋藏典籍。天一阁取"天一生水，地六成之"之义，建于嘉靖四十年（1561）至四十五年（1566）之间，距今已有约450 年，为中国现存最古老的藏书楼，也是世界现存最古老的3 个家族图书馆之一。

天一阁藏书主要为宋元以来刊本、稿本、抄本，而以明刻本为主，其中尤以明代地方志、科举录为收藏特色，著称于世。据考，天一阁原藏省、府、州、县方志 435 种，比《明

宁波天一阁及所藏志书

史·艺文志》著录还多。1934 年，著名版本目录学家赵万里
登天一阁作《重整范氏天一阁藏书记略》时，统计尚存 240
部。新中国成立后，经清理共有 268 种，加上以后陆续依据旧
目补入的《正德姑苏志》《嘉靖山东通志》《嘉靖宁波府志》
的原刻本等，总数达 271 种，即使在今天，其所藏明代方志仍
名列全国各大图书馆之首。这些地方志中，以嘉靖、正德、弘
治年间所修者为多，少数为万历刻本，有的纸墨精良，触手如
新，多作包背装，是地方志中的精品。164 种地方志在《中国
地方志联合目录》和《台湾公藏方志联合目录》中均属仅见
之本。其中如郭经、唐锦修纂于明弘治十七年（1504）的
《上海志》（8 卷），为国内孤本，述上海之建置颇详，此本也
是上海志中现存最早之本；又如嘉靖《武康县志》（8 卷本），
系国内仅有的也是最早的武康县志；再如杨循吉纂修于明嘉靖
八年（1529）的江苏《吴邑志》（16 卷）也是现存最早的吴

县志；等等。天一阁珍藏的这些地方志，特别是如此之多的明
代方志和科举录以及明人其他著述和所刊明前古籍，为赵万里
赞赏不已："天一阁之所以伟大，就在能保存有明一代的直接
史部。"同时它对中国方志事业的发展也具有无可置疑的重要
价值，作出了重大贡献。

山东聊城海源阁　海源阁坐落于今山东省聊城市西南，由
清代藏书家杨以增创建于道光二十年（1840）。杨以增
（1787~1856），曾任陕西巡抚、江南河道总督等职。他在任
职期间不惜重金博收群书，并陆续运回故里，同时创建海源楼
加以珍藏。海源楼也因此与江苏常熟的铁琴铜剑楼、浙江湖州
的皕宋楼和杭州的八千卷楼，并称为"清代四大藏书楼"。顾
名思义，"海源"之名表明其既注重广博收藏又注重原典及崇
尚寻根溯源的创建宗旨。据统计，其藏书量为3680多部，
220000余卷。杨以增及后代十分重视收藏地方史志等典籍文
献，海源楼所收的地方志便有170多部，以山东、陕西、湖
北、江苏等地的为最多，其珍本善本包括宋刊本《咸淳临安
志》《舆地广记》《新编方舆揽胜》等，明刊本则有《山东通
志》《姑苏志》《长安志》等，此外还收有河渠、边防、山水、
古迹等专志近百种。特别值得称道的是，新中国成立后，杨氏
后人又将包括方志在内的大量珍贵历史文献捐赠给山东省图书
馆及其他有关图书机构，在大大充实这些机构图书资源的同
时，客观上也为方志馆建设作出了重要贡献。

浙江湖州皕宋楼　皕宋楼由浙江湖州府归安县人陆心源创
建。陆心源（1834~1894），著名藏书家、版本目录学家，所

山东聊城海源阁内景

藏之书特重宋元旧版，有皕宋楼、十万卷楼、守先阁等藏书处，全部藏书达20余万卷。皕宋楼是陆心源宋元旧本藏书处所，"皕"寓有"二百"之意，即所藏宋本便达200种之多，可见其收藏之丰。成于清光绪八年（1882）的《皕宋楼藏书志》，以120卷、续志4卷的篇幅作了详细记载。如其中史部地理类5卷主要著录所藏宋元旧志，"地理类一"著录有《元和郡县图志》40卷二种，一为宋淳熙刊本影写本，一为旧抄本，有《太平寰宇记》193卷，《舆地纪胜》200卷，等等，总数达400多种。光绪十四年（1888），陆心源还曾向国子监捐献《元和郡县志》（抄本）、《新安志》、《严州图经》（抄本）等大量书籍。但他去世后，由于家道败落、战乱频仍等，1907年，陆氏所藏大量志书等珍稀文献被日本静嘉堂所收购，总量约有403种421部，包括总志6种、通志25种及大量府志、州志、县志、乡镇志。如以朝代计，则有唐代志书2种、宋代志书30种、元代志书8种、明代志书18种、清代志书345种，其中仅宋元方志便占现存宋元方志的一半以上。尽管此事有不同原因，后人也有各种说法，但大量珍贵志书文献流失确是一件十分令人痛惜的事，否则，皕宋楼所藏方志很可能会像天一阁、海源阁一样，为后世的文献收藏包括方志事业作出更大的贡献。

浙江杭州八千卷楼　杭州八千卷楼为丁申、丁丙兄弟所创建。丁氏兄弟为著名藏书家、文献学家。清咸丰十一年（1861）太平军进入杭州，"江南三阁"之一的文澜阁危在旦夕，丁氏兄弟合力抢救残存库书。太平军退出杭州后，他们又为重建文澜阁、补抄《四库全书》作出卓越贡献，为世人敬重。丁氏兄弟藏书达20万卷，藏书处除八千卷楼外，尚有后八千卷楼、小八千卷楼、善本书室等。善本书室主要收藏善本书籍，后编有《善本书室藏书志》。该志共40卷，第11、12两卷著录所藏地方志善本105种，如有《元和郡县志》等6种，著名的宋志"临安三志"也在其列，约占藏书总量的5%。应说明的是，这些方志并非丁氏所藏志书全部，仅是其中的善本而已。这些志书，都为宋元明以来的旧志，不乏宋刻抄配本、景宋抄本、旧抄本及明刊本、明抄本等珍品，几乎集中了明清以来江南著名藏书楼的藏品，价值很高。清光绪年间杭州知府陈璓修《杭州府志》，延请黄岩王棻主其事，事前和八千卷楼主人丁丙商定，王棻住在丁家编纂，可见藏书楼与修志间的密切关系。

进入民国时期，地方志这种中华民族独有的传统文化形式的价值日益为社会所关注。1932年《（国立）北平图书馆馆刊》载："地方志书之重要，近颇惹人注意，以故公私搜藏颇成一时风尚。"这种风尚，一是表现于传承至今的私人收藏领域，二是表现于近现代开始出现的公共图书馆事业。两者的逐步融合，客观上又促进了中国近现代方志馆事业的发展。

如被视为"我国藏书史上唯一一位专门收藏地方志的藏书家"的任凤苞（1876~1953），秉承"方志一门，为国史初基"和"诸志之大成，则中华文物胥汇于此"的理念，积数十年之功，经"百计访求"，收藏方志2500多种，多达数万卷。其数量之巨，当时除国立北平图书馆外，其他一般私家藏书甚至是专业机构都难望其项背。同时他还编制了我国私人藏书界中第一部规范化的地方志专科书目——《天春园方志目》。更难能可贵的是，新中国成立后，任凤苞又将其所藏志书悉数捐赠给了天津图书馆。

再如浙江湖州南浔人刘承干（1881~1963），一生酷爱收书藏书。他不仅早年与沈曾植等一道参与续修《浙江通志》的工作，而且自1920年始，在其家庙侧置地20亩，用金12万建造藏书楼，直至1942年正式建成，并以溥仪所赏"钦若嘉业"九龙匾为名，命为"嘉业堂"藏书楼。同时他还长期不惜重金，广收方志，从州志、府志到县志、镇志，几乎来者不拒。在嘉业堂达50万余卷的藏书总量中，方志多达1200多种，计3万3千多卷，因而与宋元版本、稿本钞本及校勘本一起，被公认为嘉业堂藏书的 3 大特色。在 1997 年由缪荃孙、吴昌绶等近代学者编纂并由复旦大学出版社出版的《嘉业堂藏书志》中，从书名、卷数、著者、版本及藏印等不同方面，对这一情况作了详细的载录。

湖州南浔嘉业堂藏书楼内景

图书馆对方志馆建设的历史贡献与借鉴价值

图书馆是收集、整理、保管、传递和交流人类知识和信息，以供读者参考、利用的文化机构或服务体系。从历史发展看，图书馆与以存放纸质志书为主的传统方志馆有着千丝万缕的密切联系。虽然真正意义上的图书馆始于 20 世纪初，但历史上各种形式的藏书机构不仅以收藏历代卷帙浩繁的历史文献而名闻中外，传之久远，而且因收藏、保管和展示了大量地方志书，实际上成了在图书馆产生以前历代方志馆的一种主要形式，如前所介绍的宁波天一阁、聊城海源阁等便是典型范例。

进入近现代后，图书馆与方志馆的关系更为密切。如由浙江绍兴人徐树兰（1837～1902）所创建的古越藏书楼，在其珍藏的 7 万多卷图书文献中也包含了大量方志。在 20 卷《古越藏书楼书目》中，卷 15《政部·舆地第十五》多数为地方志。其中，《舆地总志附地图》一目著录《元和郡县志》《大清一统志》等 22 种（地图略）；《国朝省府厅县志》一目著录清雍正本《浙江通志》、清乾隆本《江南通志》、乾隆本《台湾府志》等各地省、府、县志 35 种。此外《直隶杂地志》《东三省杂地志》《江南杂地志》等 23 目，著录之志多为山志、风土志、水志、寺观志、游览志等。① 古越藏书楼的诞生，被视为我国古代藏书楼的终结和近现代公共图书馆的发端，徐树兰也因此被视为近代私人捐资创办公共图书馆的第一人。

1903 年，拥有大量方志文献的杭州藏书楼改建为浙江藏书楼，开始对外开放，实际上成为中国近现代史上最早具有"公共"意义的公共图书馆。在其馆藏众多的古籍和善本中，最具代表性的当数古代方志文献。据统计，浙江图书馆馆藏各朝代至民国的浙江方志，有省、府州、县、乡、镇志共 466

---

① 赵任飞主编《古越藏书楼资料集·古越藏书楼书目》，广陵书社，2012，第 195～221 页。

种，599 种版本，8649 卷（不含不分卷的 39 种）。再如 1904
年 3 月，最早以"图书馆"命名的省级公共图书馆——湖南
图书馆兼教育博物馆成立伊始，即发出"募捐启事"，请社会
各界人士捐书捐款，所捐图书多是湖南的志书和湘人著述，这
一部分图书资料构筑了该馆最早的藏书基础。

此后，图书馆界兴起了一股方志收集热。不少图书馆还直
接以"馆中馆"形式在馆中开设方志收藏馆、方志陈列室和
展厅等相关展室。如 1912 年 8 月京师图书馆（后曾分别更名
为国立北平图书馆、北京图书馆，现国家图书馆）开馆时，
即由内阁大库拨交方志 1000 多部，且大部分是康熙刻本，系
全国各地为编修《大清一统志》而进呈的底本。此后，通过
国子监移藏、收购和接受捐赠等各种渠道方式，到 1957 年编
印《北京图书馆方志目录三编》时统计，该馆所藏方志已达
2100 多种，约 5000 册。再如 1924 年由张元济创建于上海闸
北、1926 年开馆的上海"东方图书馆"，当时是东亚最大的图
书馆，收藏地方志达 2641 种 25682 册（其中元本 2 种，明本
139 种），仅次于国立北平图书馆的 3844 种和故宫博物院图书
馆的 3641 种，居全国第三位。当时全国府、厅、州、县志共
有 2081 种，该馆就收藏了 1753 种，占全国应有方志的 84%，
国内外图书馆均难以企及。又如到新中国成立时，仅天津图书
馆所藏方志总量就达 3614 种 4282 部，其中方志总论 36 部，
明版方志 53 部，清代方志 3281 部，民国方志 988 部，加上民
国以后的新修方志及影印本则更多达 7000 多部。朱士嘉曾因
此感言："近者国内各图书馆无不各尽其力以求方志，而方志

亦益不易得矣。"

可是，由于世事更迭、战事频繁等，民国时期很多藏书机构和图书馆所藏方志或毁于战火，或由于其他原因而残缺甚至佚失。如1927年，鉴于《浙江续通志稿》历时10余年、历经艰难仍未修成的实际情况，浙江省公署决定将其现有志稿（包括已编纂完成但未印刷出版的稿本、已印行的部分志书和部分采访稿等）交浙江省立图书馆收藏。可是，由于种种因素的影响这一最低要求也未实现，这些志书文献当时便流散四处，以后又几经变更收藏场所，目前至少由浙江、上海等7家图书馆分藏。艰难时世的方志编纂和收藏窘况可见一斑。同样，张元济创办的上海东方图书馆，由于1932年的"一·二八"事变，除了事先存放在银行保险库中的约5000册孤本珍本等古籍文献幸免于难外，该馆所有46万册图书（包括所藏2641种25682册方志）均毁于战火，化为灰烬，成为我国文化史上一场罕见的浩劫。尽管如此，它们为中国地方志特别是方志馆建设所作出的历史贡献却永不磨灭，永载史册。

新中国成立后，党和政府十分重视利用图书馆这个公共平台支持和推进地方志工作，客观上推进了方志馆的建设。1956年，周恩来总理视察云南省图书馆时强调指出："图书馆应将本地区的地方志尽可能收集齐全，对其他有关地区历史、地理的文献，也要予以足够的重视，要积极地利用地方文献遗产为社会主义建设服务。"为此，当时全国各地相当一部分公共图书馆，都不同程度地承担了方志馆的职能。20世纪60年代，自首都图书馆率先设立北京地方文献特藏书库后，各地公共图书馆纷纷借鉴，通过设立地方文献书库、成立组织、开展研讨、点校出版旧志等多种方式，逐步推进这项工作。如当时金恩辉、胡述兆主编的《中国地方志总目提要》，就是图书馆界地方文献工作者共同协作的成果。受云南图书馆委托，杭州图书馆利用馆藏民国云南方志底本，整理出版了《云南方志考》《云南产业志》等志书文献。湖南图书馆当时也编纂出版了《湖南地方志中的少数民族资料》等。不仅如此，很多图书馆还编制了大量方志目录并向社会开放，如上海图书馆曾于1957 年、1979 年两次印行馆藏方志目录，四川、陕西、山东、广东、山西等省级图书馆和中央民族学院、中国人民大学、四川大学等高校图书馆，都曾印行过本地或本单位的馆藏方志目录，可见图书馆与地方志工作的密切联系。

1997 年 8 月，在浙江宁波召开的全国地方志颁奖大会上，时任中共中央政治局委员、国务委员、中国地方志指导小组组长的李铁映强调：要研究和开拓志书的应用工作，要积极探索志书使用的新经验，要在图书馆设志书室。在他的直接推动下，1999 年 12 月，"中国地方志珍藏馆"在著名的宁波天一阁藏书楼正式建立，收藏了 6700 多册新中国成立后特别是改革开放以来、全国各地一轮大规模修志活动中出版的新志，占当时全国新志总量的 80％以上。这是方志馆建设的又一种新的模式和途径，双方在资源整合共享、优势互补的同时，也节省了大量财政资金。这对促进相关业界与方志馆的密切联系，特别是依托图书馆、藏书楼等现有资源条件建方志馆，无疑具有重大指导意义和积极推动作用。

进入 21 世纪以来，随着民族文化传统的弘扬光大和地方志价值的日益显现，一些高校和其他类型的专业图书馆越来越重视志书文献的收藏和研究应用。如自 2007 年，清华大学图书馆就启动了大规模收藏方志等地方文献的工作。在全国各地的大力支持下，短短几年内，先后有 20 多个省（区、市）方志机构向清华图书馆捐赠了大批方志。到 2011 年 4 月清华百年校庆之际，清华大学方志馆在新落成的人文社科图书馆正式开馆，共收藏了全国各地捐赠的志书约 3300 余册，同时该馆还收藏了台湾版《中国方志丛书》全套 6300 余册和 1000 多件地方文书。加上原已收藏的明清及民国时期的方志，清华方志馆已具有相当规模，不仅成为清华大学图书馆的一种特色资源，而且成为中国方志馆事业的一个重要组成部分。

清华大学方志馆揭牌仪式

2　档案馆与方志馆发展

"档案馆"这一概念，一般认为最早由意大利档案学家波尼波利奥于 1632 年在《论档案》一书中首先提出。我国正式使用这个名词，档案学界普遍认为是在新中国成立以后。在此以前，类似档案馆的机构一般被称为库、阁、台等。

在中国古代史上，由于历代封建统治者的高度重视，各类档案机构历来是专属于皇家贵族的御用工具，兰台、东观等各种形式的档案机构比比皆是，客观上为史志编纂提供了强有力的保障条件，以至于一度依托于这些机构，史志编纂事业大兴。隋唐开始注重通过设立史馆等机构来监修史志，同时严控甚至禁止私家修史，其中一个重要手段就是由官方严控档案的收藏和使用。因此从一定意义上看，它们也构成了方志馆的一个重要来源。

1911 年辛亥革命以后，受近现代西方档案学理论影响，经我国档案界一些有识之士的倡导，民国时期有些档案机构（如故宫博物院文献馆，即现中国第一历史档案馆前身）已开始印发出版大量档案史料、图册丛刊等，有的机构甚至已逐步开始向社会开放，从而为当时的史志编纂提供了便利条件。

新中国成立以后，从以收藏管理"五四运动"以来革命历史档案为主的中央档案馆、以收藏管理明清时期档案为主的中国第一历史档案馆、以收藏管理民国时期档案为主的中国第二历史档案馆，到各级各类地方档案馆，特别是各级政府管理的公共档案馆，都以所收藏保管的各个不同时期、不同特色的文献档案，为史志编纂工作提供了大量珍贵的历史文献和查询服务。不少档案馆还专门辟有以存放、展示当地方志为主的方志馆。如浙江档案馆的馆藏方志分为刊印本和缩微胶片复制本两大部分，涉及从宋代一直到现当代各个历史时期，计300多种1000余册，门类上有省志通志、府州县志、乡镇村志，还有山水志、舆图志、海防志、物产志、游览志、人物志、寺观志、风土志、掌故志、地名志等各种类型。同样，在杭州市档案馆，也专设有杭州方志展厅，陈列着明《嘉靖淳安县志》、民国《昌化县志》及《云栖志》等一批珍稀古志旧志。

杭州档案馆方志展厅

进入 21 世纪以来，随着各地文化事业的繁荣发展和行政、事业单位管理体制改革的逐步推进，有的地方还实行了档案馆、图书馆和方志馆等多馆合一的行政管理体制，如浙江省嘉兴市、舟山市及绍兴柯桥区等一些县级机构先后实行了档案、史志"几块牌子、一套班子"的管理体制，相应的档案馆与方志馆有的也实行了一个整体、各有侧重的展陈运行机制。同样，新建的山东省淄博市方志馆由于处于该市新建文化园区内，与城市规划馆、图书馆相邻，与档案馆共用一座大楼，从而在合理配置地方历史文献资源的同时，也节省了大量公共财政支出，有效提高了行政和公共服务效率，提升了综合社会效益。

山东省淄博市方志馆外景

3 博物馆与方志馆发展

博物馆是保存、陈列、研究物质文化和精神文化遗存的公共文化教育场所，收藏、研究和教育一般被认为是博物馆的3大基本功能。从规模、服务对象和藏品内容等不同角度，可对博物馆作不同的分类。其中按藏品内容，可分为综合性博物馆、历史博物馆、艺术博物馆、科学和自然博物馆及其他博物馆等多种类型。传统的历史博物馆一般以收藏、展览历史文物藏品为主，并以历史发展脉络为展示顺序。它们主要展示本地出土或通过征集等各种途径收藏的历史文物，同时通过文图、数据、讲解和多媒体等其他手段，向参观者介绍当地的历史文化，以达到普及历史、文博知识并进行地情教育等目的。

在中国历史上，各种博物馆特别是有些历史类的博物院馆同样也收藏了大量志书，如南京博物院历史上就收藏了包括刻本、钤印本、活字印本、稿本、抄本、油印本、影印本等在内的大量旧方志，其中善本有572种，普本2000多种，大部分为江苏方志，同时还有部分全国性总志和其他地方的珍贵志书文献，因而同样为方志馆建设作出了独特贡献。

值得一提的是，民国时期被称为"民众教育馆"的通俗教育馆，与今天的地情型方志馆有异曲同工之妙。民国初期，一批有识之士深为当时人心不古、世风日下的社会风气而忧虑，经时任教育总长蔡元培倡议，教育部通令全国各地普遍建立通俗教育馆，以逐步提高国民包括知识、文化和道德在内的整体素养。1915 年，以全国第一个通俗教育馆——江苏省立通俗教育馆为标志，拉开了全国建设通俗教育馆的帷幕，成都、浙江、湖南、湖北等省市，也都先后成立了类似机构。如1924 年由卢作孚创办的成都民众教育馆便专设有博物馆，内含自然、历史、农业、工业乃至教育、卫生、兵器、金石陈列馆，其参观人数"以全月统计而论，最多在八万人以上，全年之中游全馆者达七十余万人……其影响不可谓之不巨也"。但在当时形势下，大多教育馆效果并不明显，有的甚至被民众称之为"饭桶机关"。于是，1929 年教育部再次通令全国，将原"通俗教育馆"改名为"民众教育馆"，以大大强化"教育民众"功能，中央政府还为此分别颁发了《民众教育馆暂行规程》和《修订民众教育馆暂行规程》，规定：民众教育馆应包括阅览、讲演、健康、生计、游艺、陈列、教学、出版等内容。实践表明，改革后的民众教育馆较之以往更具有生命力和活力。据统计，到 1936 年，全国民众教育馆已有 1503 所（即使抗战时期还有 800 多所），从事这项职业的员工有6600 多人，经费达 330 多万元，分别比 5 年前的 1931 年增长了 67%、73% 和 76%。① 显然，不论是通俗教育馆还是民众教育馆，它们与当今以展示综合地情为主要功能的方志馆

---

① 分别参见毛文君《民国时期民众馆的发展及活动述论》，《西南交通·社科版》2006 年第 4 期；黄文记：《试论方志馆在地方文化网中的新定位——民国时期民众教育馆的历史启示》，《广东史志》2013年第 4 期。

主旨基本一致。抗战胜利后，国民政府民政部所颁布的《市县文献委员会组织规程》中，不仅要求该委员会应承担以往通志馆的职责，还明确要求民众教育馆馆长应为该委员会"当然委员"，从这个意义上看，与其说今天全国方志界纷纷建地情馆是一种创新探索，不如说是对民众教育馆历史传统的弘扬再造。

新中国成立后特别是改革开放以来，全国各地经济和社会各项事业发生了日新月异的变化，同时随着文化事业的大发展大繁荣，各种形式的博物馆如雨后春笋般相继兴建，从不同侧面展示了各地悠久的历史、璀璨的文化和辉煌的成就，同样为方志馆建设提供了有益借鉴。如2012年5月，我国唯一的综合性工业博物馆——中国工业博物馆在辽宁沈阳铁西区开馆。它不但见证了沈阳这座老工业城市发展的历史轨迹，也真实记录了中国工业的百年发展史。它收藏了1300多件从商代至今的工业文物，从殷商时期的铜镜、西周的青铜盉、春秋时期的盉甲，到1900年的中东铁路钢轨、20世纪30年代初的铁西规划地图等。其中最引人注目的是7项"中国第一"：中国第一个铸造用机械手、第一个自主研发的管模、第一根超高压管的样管、第一台万能钻床、第一台八轴立式机床、第一台精密丝杠机床、第一台五轴联动机床。更值得关注和称道的还在于，这座占地约8万平方米、建筑面积6万平方米的地标性建筑，相当一部分场馆是就地取材，即利用沈阳一些国有老企业的厂房而建，不但节约了大量资源，而且更增强了这座博物馆的真实性、历史厚重感和独特的魅力。这些以展示某一方面国情为

沈阳中国工业博物馆外景

中国工业博物馆展品

主要内容的博物馆，与当代新型方志馆的构想更为接近，因而近年来纷纷为全国方志系统所借鉴。

另据报道，经多年筹备，位于北京国家图书馆南区的国家典籍博物馆已于 2014 年 8 月开馆。这座国内首家典籍博物馆，集中展陈的空间建筑面积 1 万余平方米，按善本古籍、舆图、名家手稿和中国古代典籍简史等 9 个部分分类，在 9 个展厅公开展出了包括仅存 29 行 465 字的国家图书馆"镇馆之宝"——司马光《资治通鉴》手稿在内的 800 多件馆藏珍品典籍。这不仅是博物馆、图书馆界的一大盛举，对方志界同样也是一件盛事。

1998 年年底，由台湾中兴大学主办的"海峡两岸地方史志、地方博物馆学术研讨会"，系首次把地方志与博物馆联系起来进行研究探讨的重要学术活动，因而也吸引了海峡两岸及美国、日本等国 100 多位来自方志学界和博物馆界的学者代表与会。会议所形成的共识是：地方史志工作包括对地方乡土历史教材的搜集、整理、编写、保存等一系列工作，"而地方博物馆可透过各种不同的、多样的、特色的题材内容，提供展示、研究、收藏等场所，这二者间皆有其专业的领域与方法，彼此关系密切，在文化意义上则全然相同"。会议交流发表的《大陆地方档案、博物馆与地方志的编纂》（柏华）、《方志在地方博物馆陈列中作用论》（刘炳元）等大量论文显示：无论是方志界还是博物馆界，都已开始意识到，双方的资源共享、优势互补，对各自事业都将产生积极的推动作用。

4 其他有关场馆与方志馆发展

会展业对方志馆建设的贡献与借鉴价值

展览馆是物质与文化展示的重要场所。一般认为，展览馆是 18 世纪中叶开始在英国出现的以展出临时陈列品为主要内容的大型公共建筑。按照展出的内容，可分为综合性展览馆和专业性展览馆两大类。专业性展览馆又可细分为工业、农业、贸易、交通、科学技术、文化艺术等不同类型。

展览业是中国社会现代文明的产物。在张謇等一批有识之士的推动下，借鉴西方一些大国和近邻日本的成功经验，以1906 年 10 月在北京开设的"专供陈列中国自制各货，供人观览"的京师劝工陈列所为标志，劝工会、劝业会等各种形式的展览会、博览会在中国工商界开始盛行。如 1910 年在南京举行的"南洋劝业会"，是首次全国性博览会，同时也是清末规模最大的博览会。这次展览全部展品达 10 余万件，观展约20 余万人次，持续了近 5 个月。全国大部分省份均辟有展馆，包括英、美、德、日等国也有展品展出。专程来华参展的美国实业代表团，还就邀请中国参加 1915 年在美国旧金山举行的巴拿马博览会一事，与中方达成协议（后中国政府派团参会，并以获 1218 项奖而名列各参赛国之首，以约多一倍的数量超过了第二名的日本），从而对中国近现代展览业的发展起到了重要的推动作用。

再如 1929 年 6 月至 10 月，以"争促物产之改良，谋实业之发达""起用国货，救济工商"等为宗旨，同时为庆祝北伐胜利，浙江省在杭州西子湖畔举办首届"西湖博览会"，共有来自全国各省及海外侨商的1400多万件物品参展。这次盛会仅展馆就分为"八馆二所"，下文梳理如下。

"八馆"即：革命纪念馆（设有革命书籍阅览室、总理纪念厅、陈列室和售书室等场所，陈列了先烈遗像、遗物、遗墨、摄影作品、图表、证件等共计2000余件物品）；博物馆（设矿产、昆虫、植物、水产、动物标本及动物图画6部分，共陈列物品4988种）；艺术馆（展品包括绘画、雕刻、金石、建筑、工艺品、民间艺术品等）；农业馆（分蚕桑、农艺、农业社会3部，征品为园艺品、农艺品、农产制造品3类）；教育馆（展品有教育成绩、统计、设计用品等44700余件）；卫生馆（分为医学、药学、食品、嗜好品、化妆品、运动器、保健、防疫、卫生教育、学校及工厂个人卫生、肺病传染等12部，因涉及大量科普健康知识，因而参观该馆人数多达206万人次）；丝绸馆（设丝茧部、纺线部、绸缎部、服装部、装饰织物部、丝绸统计部等6大部，甚至还在服饰织物部内特置了一个结婚礼堂，以着丝绸服装的男女人物模型吸引公众，以引导公众使用国货）；工业馆（依展品性质分陈4个分馆，其下又划分为98区，展出物品包括模型、历代工业家图像、中国伟大工程图说等十分丰富的内容）。

"二所"是："特种陈列所"（即不属于其他会馆的物品均归该所陈列，又分省政府建设厅陈列室、中央建设委员会陈列室等9个陈列室，陈列物品包括图、表、模型、标本等4类共计1万余种）；"参考陈列所"（该所以征集外国物品供国人参观为目的，征品又分为原料与机器两大部分）。

盛况空前的杭州西湖博览会开了"中国博览会"业界的先河。当时共评出各等奖项3000多个，参观人数高达2000万之众，不仅轰动浙江和全国，而且也在国际展览界产生了一定影响，对当时民族工商业特别是展览业的发展具有里程碑式的意义。在今天看来，它们其实都是综合性地情的集中展示，因而一定意义上与新型方志馆有异曲同工之处。

特别值得关注的是，通过举办文献展览会展示志书等历史文献，无疑也是中国近现代史上弘扬方志文化的又一种重要形式。如20世纪30年代，仅在浙江省举办的便有1936年的嘉兴文献展览会和浙江文献展览会等。这些展览会在文献征集过程中十分注重突出"地方"特色，志乘史料（包括方志、家谱、碑拓、丛书等）也是其重要的征集范围，且征集手续十分规范完备。如由陈训慈等有识之士发起举办的"浙江文献展览会"，不但制定了"征集展览品办法""收发及保管规则""管理规则""参观须知"等条例，而且出于"周密与便利起见"，还成立各地征品分会，从而保障了地方文献征集的数量和质量，征集成果十分丰硕。据统计，这个展会征集的陈列品达2万余件，除少数为公立图书馆所藏，绝大多数为私人藏品，以至展会已开幕，但应征品仍源源而来。展览会编制了《展览目录》、《展览图录》和《展览文献之分品提要》等详尽的地方文献编目，每位参观者还人手一本《参观指南》。展览期间，主办方还在《大公报》刊载"浙江文献展览会特刊"，编辑出版了《浙江文献展览会专载》以及《浙江文献特辑》。展会共设 12 个展室，展期 18 天。尽管当时正是日本帝国主义全面侵华之际，国内形势动荡不安，但观众仍如潮而来，达 8 万人之众，甚至很多观众特地从南京、北平、上海等地自行来杭参观。另外，同期在苏州可园开幕的"吴中文献展览会"、在沪举办的"上海文献展览会"、租借香港大学冯平山图书馆举办的"广东文物展览会"等，都达到了预期的效果，显示了国人对民族文化传统的执着热情。

新中国成立后，随着各地经济社会日新月异的发展，一大批建设和发展成果开始在各种展览馆展出，不仅生动展示了新中国的形象，而且也丰富了广大人民群众的物质文化生活。

如著名的浙江展览馆，在 20 世纪 70 年代一度是杭州的标志性建筑，2010 年，已被列入历史建筑保护名单，是杭州最年轻的"历史建筑"。20 世纪 60 年代末，为纪念毛泽东思想的伟大胜利，不少省（区、市）纷纷开始建设永久性纪念馆，浙江省"革委会"也决定建造一个展览馆。展览馆于 1969 年春动工，1970 年 9 月建成移交，建筑面积 1.3 万平方米，其中 9 个展厅总计 5000 平方米。但当初对该馆定位并不清晰，甚至连名称也不叫浙江展览馆，而是"我们心中的红太阳毛泽东思想胜利万岁展览馆"，简称"万岁馆"，1971 年"九·一三"林彪事件后，"万岁馆"才正式改名为"浙江展览馆"。改革开放后，浙江展览馆的功能迈出了由政治向经济转变的重要一步，开始展销本地有特色的工业产品，如龙泉宝剑，宁波冰箱，长兴紫砂茶壶，杭州的香烟、丝绸、电视机、缝纫机，等等。"琳琅满橱，都是紧俏商品。这在商品匮乏的当年，简直是要命的轰动。"而"最富戏剧性的还是三楼：80年代文学盛时，《东海》杂志社就在此办公，举办各种文学讲座，常常爆满；电影兴盛了，放映厅一票难求；电影乏了，又改成舞厅；其间，还办过短暂的溜冰场。国人精神生活的转变，从文化到娱乐，这里几乎是个缩影。"① 再发展到后来，浙江省及杭州市一些重要的展览活动几乎都在浙江展览馆举行，在相当一个历史时期内，它实际上是浙江文化的标志性建筑，是浙江省情的重要展示场所。

由此可见，这种展览馆虽与以存放纸质志书为主要形式的传统意义上的方志馆关联度不大，但与以地情展示为主要功能的当代方志馆却有相似之处，从这个意义上说，它实际上是当代方志馆的雏形。特别是一些综合性展览馆的展览内容、内部结构布局和各种现代化展览手段，完全可以被新型方志馆所借鉴。但由于相当一批展馆建设年代久远，从面积到功能都已难适应当代展会经济和其他工作的需要，因此各地已陆续通过改建、扩建或新建的方式，开辟展示当地综合地情特别是当代发展成就的新场馆，以填补其他场馆的空白并满足人民群众文化生活的新需求。

当代城市规划馆对方志馆建设的贡献与借鉴价值

城市规划馆一般全景式展示特定行政区域（主要定位于

---

① 参见竺佳丽《浙江展览馆：一个时代的记忆》，《杭州日报》2011年8月11日"西湖副刊"（B7版）。

城市）的规划设计、建设方案、发展前景甚至地情概貌等内容。当代新型方志馆在建设时，已充分注意借鉴其设计理念、当代地情展示等内容。

如以"规划构筑品质生活"为展示主题，定位为亲民、互动、前瞻的"城市窗口"的杭州市城市规划展览馆，总建筑面积12000平方米，共分为序厅、"印象杭州"、"解读杭州"和"展望杭州"4个展厅，设置了"城市记忆""名城保护""山水之城""蓝图总绘""和谐人居""品质服务""通达出行""基础命脉""亮点前瞻""城市立方""网络都市"等主题展区。馆内大量采用高科技手段，将激光成像、发光地图、电子翻书、虚拟驾驶、历史影片复原、动感踩吧、多通道投影、4D动感多媒体、360度环幕影院等现代声光电技术融入多项展示环节，从而使此馆成为一座集规划展示、科普教育、特色旅游、商务休闲、档案查询等多功能于一体的综合性规划馆，成为展示杭州城市形象的一个重要窗口。在"总体规划展示区"，通过大型城市模型，运用声、光、电等现代化技术合成手段营造出戏剧化的效果，将城市未来发展的蓝图展现给参观者；在"住宅规划展区"，参观者可通过电子展板、互动触摸屏了解各类住宅规划建设情况，进行规划信息查询；"综合交通规划展区"则全面涵盖了航空、高速公路、铁路、地铁、水陆、城市道路、步行交通、非机动车交通及各类交通设施，参观者也可通过电子展板、互动触摸屏、壁挂模型等，了解对外交通、城市交通、交通设施规划；"名城保护展示区"通过"城市记忆""名城保护""山水城市"3个篇章，让游客立体感受杭州城市的发展历程，从而全面介绍了杭州城从古至今的形成及在保护老城、建设新城中的总体变迁。该馆还设有南宋皇城微缩模型展示，让参观者全面了解南宋皇城当时的面貌、皇城历史及现在所坐落的城市位置。4D 动感影院则通过三维动画实景仿真投影系统，结合互动模型船以及风雨雷电等装置展现立体效果，以使参观者实现西湖泛舟、西溪漫步、钱江弄潮等著名景点的虚拟漫游。另外，该馆还设置了所属 8 区 5 县（市）规划展区，同时还有市民中心、市奥体中心、市国际博览中心、杭州国际会议中心等城市重大建设项目的相关规划展示。

很显然，这种城市规划展览馆与我们所定位的新型方志馆形式相近，关系密切。不过从当代新型方志馆角度看，两者之间的主要不同之处在于：一是城市规划馆往往重点关注的是城市、城区，较少涉及农村；二是城市规划馆多涉及现当代内容，较少涉及一个行政区域历史演变过程和发展脉络；三是城市规划馆多用电子沙盘、多媒体等现代化展示手段，较少涉及实物。当然，这是其自身性质所决定的。也就是说，城市规划馆与当代新型方志馆仍有区别，相应地当代新型方志馆的规划建设更有自身独特的发展空间。

各地党史展览馆、革命历史博物馆对方志馆建设的贡献与借鉴价值

新中国成立后，各地所建的党史展览馆、革命历史博物馆等公益性文化场所，一般以展示当地中共党史、近现代革命史等为主题，以大量的人物事迹、文物实物为媒介，来反映特定行政区域特定时期的历史发展变化。因其主要从一个侧面集中反映了一地近现代以来的历史发展变化，因而与方志馆的地情型主题同样有较多融合之处。

如建于江西瑞金的中央革命根据地历史博物馆（系国家一级博物馆、4A级旅游景区），便通过珍贵历史文物、油画、场景、多媒体、幻影成像、超现实仿真雕像等传统和现代化多种手段，展示了中国共产党从苏区反"围剿"斗争到创建中央革命根据地和中华苏维埃共和国中央政府的辉煌成就。

江西瑞金中央革命根据地历史博物馆

但各级各类党史展览馆、革命历史博物馆与方志馆所不同的是：一是其展示和介绍所涉及的时间期限相对较短，一般都是以中国共产党成立90多年的历史为限，或按中国近现代史范围适当延伸，而方志馆往往要反映一地自历史发端起的漫长历程；二是党史展览馆所反映的内容面相对较窄，一般也不涉及中国古代等更多的历史内容。这同样是由其自身性质决定的，同样也为当代新型方志馆的建设留下了空间。

五 新中国成立以来方志馆的
发展历程

在中国方志发展史上，方志馆建设与地方志事业相伴而生，相随而行。尽管我们承认历史上形形色色的史馆、通志局等机构不同程度地承担了方志馆的重要职能，方志馆的发展确实也经历了一个由多机构融合共处到逐步分离独立的漫长过程，但同样应当承认的是，新中国成立后，方志馆的建设与发展才真正走上正轨。改革开放后，尤其是进入 21 世纪以来，伴随着全国两轮大规模的修志工作，方志馆建设呈现出前所未有的发展势头，而且无论从内涵到外延，还是从展陈格局到运用手段，与传统方志馆相比，当代新型方志馆都发生了较大的实质性变化。

1 标志：地志博物馆的引入与创建

新中国成立初期，苏联的阿穆尔州、赤塔州等地的地志博物馆模式引起了我国文博界的广泛关注。由于它以综合地情展示为主要内容，后来为我国博物馆建设所普遍借鉴，因此可以将其视为综合性地情馆的开端。

以阿穆尔州地志博物馆为例。该州与我国黑龙江省黑河市接壤，面积约 36 万平方公里，人口约 100 万人。全境地域辽阔，物产丰富。1891 年，沙皇尼古拉二世来阿穆尔州首府布拉戈维申斯克市后，该市即着手建立博物馆，当时展品多为矿物、动植物标本，主要来自社会各方的捐赠，到 1913 年已达 2899 件。1917 年十月革命后，新生的苏维埃政权日益重视博物馆建设，到 1927 年，该博物馆已下设自然历史、社会经济、历史文化、综合技术教育、自然生物等多个部门，综合地情馆已初见雏形。特别是 1931 年，博物馆还出版了《苏维埃地方志》《阿穆尔州地方志》等杂志，对提升博物馆的整体水平起到了重要作用。发展到 20 世纪末 21 世纪初，博物馆的总面积已超过 4000 平方米，共设有 25 个陈列大厅，下设保管部、自然部、历史部、科学部、宣传部等机构，藏品已达约 20 万件，同时还收有资料照片 5000 多张，展示了当地从自然到历史，从反法西斯战争到经济社会建设的历史全景。另外该馆还下设雅克萨、伊万诺夫卡等 11 个分馆，每年约有 10 万人来馆参观，成为俄罗斯远东地区最古老、最大的地志博物馆。①

1951 年，时任文化部社会文化事业管理局副局长的王冶

---

① 分别参见〔俄〕г. A. 托玛什克著，程艳、程鹏汉译《阿穆尔州地志博物馆》，《北方文物》1998 年第 3 期；缪小咏：《参观阿穆尔州地志博物馆》，《江苏地方志》2005 年第 6 期。

阿穆尔州地志博物馆外景

秋，在考察了苏联地志博物馆后，深受启发，回国后即向文化部汇报并广为宣传倡导，文化部也同意以苏联地志博物馆为新中国综合性博物馆的建设模式和发展方向。1951 年 10 月 27日，文化部在下发的《对地方博物馆的方针、任务、性质及发展方向的意见》中即明确提出："博物馆事业的总任务是进行革命的爱国主义教育；各大行政区或省、市博物馆，应当是地方性的和综合性的。即以当地的'自然富源'、'民主建设'、'历史发展'三部为陈列内容，使之与地方密切结合。但同时又要注意全国性与地方性的配合。"1952 年，文化部社会文化事业管理局还为此组织翻译了《关于地志博物馆科学研究、搜集、陈列与文化教育基本条例》《地志博物馆的陈列方法——苏维埃时期之部》《地志博物馆的陈列方法——自然之部》《地志博物馆苏维埃时期材料的搜集工作》等介绍苏联地志博物馆建设经验的文件，供全国各地学习借鉴。

1953 年，文化部决定以山东博物馆为地志性博物馆试点，并调集黑龙江、浙江、南京等全国十几个省市的专业人员协助筹建。山东地志博物馆于 1954 年 8 月开始设计布展，占地面积 1800 平方米，基本陈列由山东自然之部、历史之部、社会主义建设之部等 3 部分组成。整体投入的费用共 7 万多元，建筑仓库投资 4.5 万元。到 1956 年 2 月，"山东地志陈列"在山东省博物馆西院（原济南道院）正式对外开放，这是新中国成立后第一个大型地志陈列，山东博物馆也是全国第一个地志博物馆，在全国引起了强烈反响。

1954 年 6 月 10 日，文化部办公厅又发出《文化部对各省（市）地志性质博物馆现阶段工作的意见》，要求各地应集中力量做好征集工作，结合举办专题展览，为正式陈列打基础；具有条件的博物馆，在文化主管部门统一领导下，应及时配合本省（市）基本建设，组织现有干部结合征集、陈列工作，研究学习有关本省（市）自然、历史、各项建设的业务知识与有关政策，学习苏联地志博物馆的先进经验，及时总结本馆经验，边做边学，以逐步提高现有干部的政治与业务水平。

1956 年 5 月，新中国成立后首次全国博物馆工作会议暨全国地志博物馆工作交流会在山东召开。王冶秋在会上指出："通过这次会议的讨论，可以肯定地志博物馆的方针、任务和方向是正确的。如果一个省地志博物馆不按照自然、历史、社会主义建设三部分来陈列，它就不可能全面地介绍一个地区的各方面情况。如果脱离了这个方向，它也不会得到当地党政领导以及有关单位的重视和支持。""也只有这样才可以发挥博物馆的教育作用，使观众在很短的时间内对整个地区的各方面有了概括的了解；使观众不仅看到本地区的过去和现在，而且也看到了将来；不仅了解本地区的自然、历史，而且也了解社会主义的建设和发展；既进行了爱国主义教育，又进行了社会主义教育，鼓舞了人民前进的信心。"在谈到地志博物馆的性质时，他强调指出："地志博物馆的性质是地方科学研究机构，文化教育机构，物质文化与精神文化遗存和自然标本的主要收藏室。这三位一体的性质是正确的。"① 他同时也实事求是地指出了山东地志博物馆建设中所存在的问题。这次会议还出版了《全国博物馆工作会议与全国地志博物馆工作交流会议汇刊》，从而在全国拉开了大规模建设地志博物馆的热潮。一年后，在全国已建成的 73 个博物馆中，地志性博物馆就有31 个。其展陈格局也与阿穆尔州和山东等地志博物馆基本相仿，主要由当地"自然资源"（包括地理、民族、生物、资源等）、"历史发展"（包括革命史）、"民主建设"（包括政治、经济、文化等方面的建设成就）等 3 部分内容组成。如 1956年 2 月甘肃省博物馆正式成立，该馆基本陈列即由"丝绸之路，甘肃文物精华""甘肃自然富源""嘉峪关魏晋壁画墓""黄河古象""中国共产党甘肃新民主主义革命史"等内容组成，也是典型的地志性博物馆。1958 年 11 月，"全国省、市、

---

① 王冶秋：《在全国地志博物馆工作经验交流会议上的发言》，国家文物局编《王冶秋文博文集》，文物出版社，1997，第 18 ~ 19 页。

自治区省级地志博物馆革命纪念馆馆长会议"在江西南昌召开，会议对地志博物馆的有关工作再次进行了讨论部署。

苏联地志博物馆的建设经验在我国产生了持久深远的影响。1977年，黑龙江省哲学社会科学研究所历史研究室，还专门编译了苏联《阿穆尔州地志博物馆与方志学会论丛》，由黑龙江人民出版社正式出版。该书有《古代黑龙江沿岸地区》《阿穆尔州考古图资料》《阿穆尔大事记（1689～1858年）》等一批珍贵翔实的地情资料，客观记述了黑龙江流域原是中国的区域的变迁历史。也许今天会有人对其"方志学会"的称谓存有疑义，我们暂时也难以进行深度考察分析（或许因该区域原是中国领土，编修地方志的文化传统一直得以传承延续所致）。但从方志馆的专业角度看，地志博物馆作为综合性地情馆的创始意义和价值无疑是值得关注的，而且直到现在，俄罗斯一些地方的博物馆还保留着这样的称呼。一直到改革开放后的1981年7月，在中国地方史志协会成立大会暨首届地方史志学术讨论会上，傅振伦在谈到当年国家文物局筹办地志博物馆确定的以"全国为纲，突出地方"的方针，以及相应的3个展陈内容（即自然环境与资源的"自然之部"、古代至"五四运动"的"历史之部"和新民主主义与社会主义的"革命与建设之部"）时指出，新编地方志也可以采用这种方法，分这三部分。因此，可见当年地志博物馆持续的历史影响之大，这也从一个侧面反映了改革开放初期方志界对新时期方志馆建设的初步思考和探索。

由上可见，地志博物馆与方志馆特别是以综合地情展示为主要内容的新型方志馆，确实有一定的历史渊源。从这个意义上看，与其说全国各地近年来是在纷纷创建综合地情馆，不如说是方志界在原有基础上的传承和再度创新。

阿穆尔州地志博物馆与方志学会论丛

（选 辑）

〔苏〕 诺维科夫—达翰尔斯基等著

黑龙江省哲学社会科学研究所历史研究室　译

本书是供内卩参考用的，写文章引用时务诸核对厡文，并在注明出处时用厡著版本。

《阿穆尔州地志博物馆与方志学会论丛》

2　转型：从传统到现代

20 世纪 50 年代的地志博物馆对文博界包括方志界产生

了重大影响。但由于种种历史因素影响和地方志事业自身的发展局限，方志馆建设当时远未成气候，更未成为文博馆业界的主流，但从广西通志馆等少数机构的运行实践中，仍能看到传统的延续和适应地方志自身规律的探索。20世纪中后期中国进入"文化大革命"的动荡时期后，地方志工作同样受到了极大冲击，当时仍能编修志书的地方机构寥寥无几，方志馆建设更是几乎处于停顿状态。进入21世纪后，伴随着全国第二轮修志工作的全面展开和持续深入，伴随着公共文化事业大发展大繁荣的发展进程，各地方志馆建设呈现出前所未有的发展势头。特别是占地近6000平方米的国家方志馆的建成，更是为集中展示全国方志成果和事业成就提供了广阔平台，也为全国方志馆建设起到了重要的先导示范作用。

地志博物馆模式的延续与嬗变

新中国成立后，地志博物馆的引入与创建不仅对当时全国各地的博物馆建设起到了重要的推动作用，而且对方志馆建设提供了积极的参考借鉴。尽管当时的方志馆几乎"凤毛麟角"，处于"鹤立鸡群"的地位，但仍能看出地志博物馆对其产生的不同程度的影响。

特别值得一提的是，1959年8月，广西壮族自治区通志馆在南宁重新宣告成立，这是新中国成立后，少数有记录可查的仍以"通志馆"形式长期运行的省级方志馆。该机构为正厅级事业单位，由自治区时任人民委员会副主席莫乃群任馆长，另有副馆长多人。通志馆下设办公室和"太平天国""中法战争"两个业务组，后又分别增设"辛亥革命组""广西现代革命史组"，为新修《广西通志》打基础。以现在方志馆的规划标准看，这种机构设置似乎"文不对题"，但显然有当时地志博物馆的深深烙印——尽管两者仍有明显差别。按这一计划目标，1960年，广西通志馆便组织人员，深入本地及云南、广东等省的169个市县，走访了数百名太平天国后裔和当地老人，收集并研究、整理了1000多万字的档案等地方文献。之后，出版了《忠王李秀成自述核补本》《太平天国革命在广西调查资料汇编》《中法战争调查资料实录》等文献成果，还召开了"纪念太平天国起义110周年""纪念辛亥革命等各种内容的学术报告会"等讨论会。"文化大革命"期间（1970年10月），通志馆被撤销，人员调离，资料分别移交自治区档案局和博物馆。改革开放后的1981年9月，自治区党委决定恢复成立通志馆，先与自治区社科院合署办公，后单独设立，并出版了《广西地方志通讯》。广西通志馆既以"通志馆"的形式沿袭了清末始、民国续的方志机构的传统，同时显然又受当时苏联地志博物馆模式的影响，因而对中国方志馆事业具有承前启后的里程碑式的重要意义。事实上它又是"地情馆"的一个早期范本，因而又对今天的新型方志馆建设具有重要的参考借鉴意义。①

又如，延续了地志博物馆建设的优良传统，山东省于

---

① 分别参见黄苇主编《中国地方志辞典》"地方志大事记"，黄山书社，1986；诸葛计：《中国方志五十年史事录》，方志出版社，2002。

2010年建立了全国第一家以"博物馆"命名的山东省史志博物馆（现改名为山东省方志馆）。其馆藏、陈列主要分为3类：地方志成果、旧志和反映山东省自然、人文以及历史文明的各类资料与实物，包括旧志编纂与传承、新方志编纂与管理、年鉴管理与出版、方志馆建设等各方面内容，共展出9万余册各类志书及历史文献、3000余件史志文物、1000余幅图片。同样，2011年11月，作为广西方志馆的配套项目，广西史志博物馆也与方志馆同时在南宁开馆。尽管史志博物馆在全国方志界包括博物馆界为数不多，但它确是以志书收藏和展示为主同时兼及其他形式的一种创新，因而对全国各地方志馆建设具有重要的启示和借鉴意义。

山东省方志馆展览大厅

改革开放后专业方志馆的出现

改革开放后，伴随着全国第一轮大规模修志热潮，新时期的方志馆建设开始被提上议事日程，第一批真正以"方志馆"冠名的方志机构开始出现。

1990年3月1日，浙江省地方志编纂室、省地方志学会、建德县（今建德市）地方志办公室联合发出《关于征集地方志筹建方志馆的通知》（"浙地志〔1990〕5号"），面向全社会征集包括省、市、县、乡镇和专志等各类志书，同时说明"本馆尚未正式定名，希望全省修志工作者积极提名，以供选用"。这从一个侧面也反映了当时"方志馆"尚未成为一个被普遍采用的名称。浙江方志馆在建德县新安江镇正式挂牌建立，馆舍借县档案馆库房，存放征集到的志书。当年4月15日，新华社播发通稿："我国第一家专门收集社会主义时期第

浙江（建德）方志馆外景

一代方志的方志馆最近在浙江省建立，收藏志书的范围包括建国以来各省市县镇志和各种专业志，还包括部分珍贵的旧志书。我国新一代方志的编纂工作始于80年代初。目前全国仅县一级方志就有150多部，其规模和质量远远超过以往历代。"以此为标志，拉开了新时期全国各地方志馆的建设热潮。这也是迄今中国方志史上有据可查的第一家以"方志馆"命名的方志机构，在全国方志界起到了重要的导向作用。

1992年，上海市地方志办公室正式向市计委提出《关于申请建立上海通志馆的报告》并得以获批开建。1996年，位于浦东新区的上海通志馆正式建成并投入使用，该馆建筑总面积5800多平方米，总投资近1000万元，主要功能是方志编纂、成果展示、资料收藏服务、业务培训和学术研究、方志文化交流等。作为一个完全独立的省级方志馆，它的率先建成，对当时的方志馆建设具有重大示范意义。与此同时，武汉方志馆（1994年）、广州市方志馆（1996年）、苏州方志馆（1998年）、湖南方志馆（1998年）、湖北方志馆（2000年）等相继竣工开馆，它们都成了改革开放后全国方志馆事业发展的重要历史印迹。但这时各地所建方志馆，大多仍以收藏志书为主，同时兼及编纂、办公、展示等功能，因而从总体上看仍属于传统或从传统向现代转型的方志馆。

2009年，山东省召开全省方志馆建设工作会议，下发了《关于加快方志馆建设的若干意见》，在全省掀起了建馆热潮。到2011年，该省已建成市级馆14家，县级馆95家，馆舍面积达2万平方米，馆藏志鉴书籍50万册。其中东营、泰安、威海、滨州等市及所属县（市、区）方志馆已全部建成，很多馆还有正式的机构和人员编制，在全国方志系统起到了积极的示范引导作用。2014年11月，江西省全省方志馆建设现场会在景德镇市召开，同日，景德镇方志馆正式开馆，标志着该省方志馆建设进入一个历史提速期。

当代新型方志馆的转型特点

全国各地已建或在建中的方志馆，既普遍改变了以往以文献收藏、志鉴编研等为主、功能单一的传统模式，但又未全盘抛弃，而是在吸取"民众教育馆""地志博物馆"等历史精华和现有其他场馆经验的基础上，通过不断改革探索予以转型创新，相应呈现出地情型主题、延续性脉络、全景式展示、现代化手段等特点。

一是力求突显地情型主题。地方志应记述一个特定行政区域"自然、政治、经济、文化和社会"发展的"历史与现状"，这是国务院《地方志工作条例》对地方志所作的本质规定，也是当代新型方志馆与传统方志馆的重大区别。改革开放以来全国各地高度重视文化事业，各种文化场馆林立，但却普遍缺少一座能全面系统地展示当地综合地情的场所，特别是展示当地新中国成立后尤其是改革开放以来发展成就的综合性场馆，现有博物馆、档案馆、城市规划馆等均无法完全满足这一需求，延续了"民众教育馆""地志博物馆"等传统的地情型方志馆因而得以独树一帜，赢得了独特的发展空间，成为各地新建方志馆的普遍模式，具有不同于传统的特色和亮点。

如2011年竣工开放的江西方志馆，除有传统的志书收藏展示功能外，还通过以下 7 个方面内容展示本地的综合地情：地理（包括行政区划、人口民族、自然资源等内容），生态（包括生态保护区、鄱阳湖区域生态等内容），经济（包括农业、工业、旅游、商贸和金融业等内容），社会（包括科技、教育、卫生等内容），文化（包括地方文化、红色文化和陶瓷文化等内容），人物（包括古代、近代名人和英模等内容）和"十二五规划蓝图"。可谓覆盖全面，特色鲜明，既是地方志"横排门类""横不缺项"编纂理念在展陈布局中的体现，也是当前和未来方志馆的发展趋势。

　　地情型主题还体现在如何利用一地现有的文化和环境优势做好文章。近年来方志馆建设方兴未艾，但由于条件、财力等多种因素所限，不可能一概都建新馆。于是，不少地方转换思路，充分发掘利用现有资源条件来延续文脉，传承文化。例如，新建杭州方志馆的主体建筑是建于清咸丰三年（1853）、具有杭州地区典型特色的晚清民居——汪宅，为木结构古建筑，属于市级文物保护单位，建筑面积约 1100 平方米。虽然面积不大，但历史悠久，文化底蕴深厚，本身就是一个重要的文化地标。特别是它地处市中心繁华地带，交通便利，便于观众参观，有足够的吸引力和人气，这种优势是其他一些方志馆难以企及的。杭州市方志馆充分注意保护和弘扬江南传统特色，采取"凝固老的，注入新的"的设计理念，以"不改变文物原状"和"最少干预"为设计原则，通过古色古香、古朴典雅的设计方案将空间作为陈述和表现"杭州地情"主题的载体、媒介。现存结构包括外墙、正门、入口天井、入口东厢房、主楼、后楼、副楼、东西草坪、副楼天井等几部分,由办公区(培训交流部、地情资料部、古籍文献部)、展示区、网络工作区、专用书库、阅览区等 5 个区域组成,从而不仅较好地展现了杭州的地域文化和气质品位,而且基本满足了方志馆所必需的主要功能,实现了多方面功能要素的有机统一。

与杭州方志馆有异曲同工之妙的,还有 2013 年下半年开馆的杭州市余杭区(县级)方志馆,在地理位置优越、环境优美、近年来人气不断提升的旅游古镇塘栖建馆,与京杭大运河相伴,与古镇现存乾隆御碑、太史第弄、栖溪讲舍堂等景点相映成趣,短短几个月内就有约 4 万名游客入馆参观,平均日流量达到约 500 人次。该馆不仅有力助推了当地旅游和经济发展,而且有效提升了方志事业的影响,被誉为目前全国最好的"县级方志馆"。

杭州余杭区方志馆外景

二是注重梳理延续性脉络。各地方志馆在建设中注重遵循地方志"纵述史实""纵不断线"的原则，力求纵向概括展示特定行政区域历史发展的全过程，从而使观众看完展览，仿佛穿越了一座历史长廊，可以对当地的历史发展脉络有一个较为清晰的印象。

　　如2014年1月1日向社会开放的北京方志馆，有"城市变迁"和"建置沿革"两个重要板块。"城市变迁"详细梳理了北京从初称蓟、元改大都、明代始称北京等3000多年悠久历史的发展历程；"建置沿革"则系统介绍了北京的行政建置始于周初、自秦至唐始终为治所重镇、由元至今基本为国家政治中心的历史沿革。展览同时还配以大量形象生动的图表和多媒体演示，从而全方位、多视角地展示了北京数千年的历史发

北京方志馆"北京地情展"

展过程,力求使观众全面系统地了解这座古老而又年轻、熟悉而又陌生的城市的发展和演变轨迹。

三是充分体现全景式展示。正因为地情展示是当代新型方志馆的主要功能和特点,因此各地方志馆在规划设计时,除从历史纵向发展角度体现"延续性脉络"外,往往还会利用电子沙盘、多媒体大屏幕和巨幅主题墙等现代化手段,注意从各个横向侧面加以"全景展示",以力求体现地方志"全面、客观、系统"地记述"历史与现状"的本质特征。例如:一进入北京方志馆大厅,映入眼帘的首先是一幅巨大的主题墙,它以中国古代旧志舆图为设计形式,同时配以精湛的錾铜浮雕工艺。主题墙核心部分被标示为一个大大的"凸"字形结构,象征着当今北京的二环布局。围绕城池,

江苏省方志馆主题墙

不仅有周口店遗址、故宫、八达岭长城、明十三陵、颐和园与天坛6处世界文化遗产，而且潭柘寺、卢沟桥、什刹海等众多著名景观也被浓缩在内。同样，江苏省方志馆入门处，在繁体"苏"字的红色馆徽映衬下，正面主题墙上的镏金壁画更显精美，画面浓缩了江苏的历史文化、名胜古迹。这些主题墙既大气磅礴又细致精巧，有力烘托了展示主题和方志馆自身特色。

四是不断更新现代化手段。日新月异的现代化传播手段无疑比传统展示方式更生动、更形象，更具有艺术吸引力和现实感染力，因而这既是当代新型方志馆与传统方志馆的重大区别，也是其优势所在。如一些方志馆由于利用历史建筑改建，各间展室面积相对狭小局促，因而在设计时，就用了大量触摸屏等手段，从而在有限的建筑空间里展示了无穷的虚拟空间，充分显示了现代化手段的独特魅力。特别是运用这些手段方式，方志馆还能避"虚"就"实"，弥补它与博物馆等场所相比展示资源的不足。

有些新建方志馆科技含量和水准极高，与以纸质典籍收藏为主的传统方志馆迥然不同。如被列为"2013年南京市政府为民办实事10大重点工程"之一的市方志馆（与市档案馆合建），设计技术等级和质量要求都达到了相当高的水准，其存放文书、声像、实物以及光盘、音像、微缩拷贝片等多媒体和电子档案的库房，对恒温、恒湿，防火灾级别等都作了最高处理，这也代表了当前和未来方志馆发展的重要趋势。

当代新型方志馆的主要格局

与传统相比，当代新型方志馆从外延到内涵、从形式到手段，都具有全新格局和崭新面貌。纵观全国各地各类方志馆，一般都包括征集存藏、陈列展示、借阅交流、编纂研究、办公管理、休闲服务等各种功能，相应也分为展示陈列区、参观服务和休闲区、文献查借和阅读区、管理办公区、交流研究区等不同区域。具体可见下表。

方志馆功能分区表

场馆功能区划分	主要功能及用途
序厅	设置主题墙、大型显示屏等，用于举行大型公共活动
展厅展室	场馆主体部分，用于举办常规性展览和各种临展。具体又分为静态展区（以方志文献实物、文字、图片及多媒体等方式展示）和动态展区（以各种类型表演、体验等方式展现）
藏品库区	分为基本书库、特藏书库和珍善本书库等场所，用于收藏保管各类志书和典籍文献
公共活动区	包括公共阅览室、学术报告厅、多功能厅等场所，用于面向观众（读者），举行报告会、讲座等活动，也可用于观众（读者）的自行交流活动
综合服务设施	包括视情况设置休息室（有条件的还可设置更衣室、吸烟室、哺乳室等个性化私密性要求较高的场所）、餐饮购物区和公共卫生间等场所，用于向公众开放
办公区域	包括办公室、会议室、志鉴编辑室、研究室、古籍修复室、资料档案室等场所，用作所在地方志机构办公和方志馆内部管理用房
其他辅助设施	包括安保值班室、消防监控室、设备机房、停车场库、物业管理用房等设施场所，用于方志馆综合管理

与上述特点密切相关，方志馆的展示内容也相应随之变化。将各地已建和规划在建的各类方志馆综合起来看，当代新

型方志馆主要包括了"史""志""情""人""物"5个方面内容。这些内容既各具特色、各有侧重，同时又相互融合、相互映衬，从而构成一个有机整体。

"史"，即沧桑巨变的长廊。具体包括：历史总揽（即按地方志"纵述史实""纵不断线"的原则，对一地历史发展所作的总揽式介绍，往往以电子沙盘、主题墙、大屏幕等方式显示）；分类介绍（即按"横排门类""横不缺项"的原则对一个行政区域的自然、政治、经济、文化、社会等不同层面的发展介绍，是第一部分内容的深化、细化，往往以实景、实物等形式加以展示）；专题史（即对一地各行各业特别是最具特色亮点事物的详细介绍，往往以志书文献等实物和触摸屏等虚拟手段加以展示）。

"志"，即区域文化的瑰宝。"志"是方志馆的一个重要主题和内容。不论方志馆从形式上如何更新变化，即便是作为综合地情馆的当代新型方志馆，以方志为主的地方文献仍然是其不可或缺的组成部分，也是反映一地历史沿革和文化厚重度的一个不可取代的因素。具体包括：某一区域方志发展的历史沿革（如历代志界名人及相关成果、历代方志机构变迁、历代修志成果等），当代地方志工作和事业（如党和政府高度重视地方志工作、当代志书编纂事业和修志成果、当代方志机构和志界名人、当代方志学研究成果等）。在国家方志馆中就设有"历代志书成果展区"，包括"历代方志发展成果"和"新中国方志事业"等内容，集中荟萃了全国各地的志书精品，充分展示了当代中国方志事业的发展成就。

中国第一部乡镇志——浙江海盐《澉水志》

江西方志馆当代"盛世修志"简介

新建北京方志馆富有民族特色的门厅

黑龙江省方志馆"市地修志"展

"情",即地情展示的窗口。对全国任何一地来说,地情都是一个巨大的资源宝库,既要全面、系统地充分加以展示,又不能散乱无序、杂乱无章。各地方志馆一般作如下分类处理:综合性地情(按"纵述史实""纵不断线"原则布局,较为注重一地历史发展的纵向介绍),如国家方志馆中就设置了"国情展区",分为"美丽中国"、"古老中国"和"当代中国"3大板块,各地方志馆也都有相应的内容;区域性地情(按"横排门类""横不缺项"原则布局,相对侧重于发展现状的横向介绍),如国家方志馆便设有"各省概况"专题展厅,江西方志馆也分设了南昌、九江、景德镇等11个市级分馆;专题性地情(系"纵""横"交织框架中一个个具体的"点",从细枝末节展示一地独特的区域形象和文化魅力),如杭州方志馆就设置了"西湖""西溪国家湿地公园""京杭大运河杭州段""杭州的市树""杭州的市花""杭州的方言""杭州的桥""杭州的塔""杭州的山""杭州的水""杭州的博物馆""杭州的古建筑""杭州的名优特产"等20多个专题,从而既从不同侧面又全面系统地展示了杭州丰富多彩的综合性地情。

"人",即精英荟萃的画卷。中国是一个文明古国,千百年来,全国各地名人辈出,在各个时代、各个领域都涌现了一大批杰出人物。因此,汇集和介绍历代名人,同样是各地方志馆的一个重要内容。一般按方志"生不立传"的要求,主要展出当地著名历史人物的生平简介、著作成果、遗物用品等。如早在二轮修志初期,浙江省嘉兴市方志办就创

办了"嘉兴名人馆",馆内展出了100多位嘉兴籍或为嘉兴
作出重要贡献的著名历史人物(包括两院院士等一批在世
人物)的生平事迹。同样,在浙江湖州方志馆规划设计的
"杰出人物篇"中,也分为9个单元,分别展示湖州历史上
的帝王将相、文学流派开拓者及名家名作、书画名家名作、
古代教育科学法学医学水利等大家、古代贤守群体、辛亥志
士与民国人物、革命家、近现代科学家、时代楷模9个群体
的重要人物。

另外,近年来有的地方还通过捐赠、征集等多种方式,开
始为方志名家设立专题展馆,这其实也是方志馆的一种独特形
式。如2007年,浙江省杭州市萧山区投资20多万元,为祖籍
萧山的全国著名方志学家来新夏建立了"来新夏方志馆",内
有馆藏图书4700多(部)册,包括来新夏捐赠的各类志书和
历史文献。2009年,浙江省绍兴市为浙江大学终身教授、全
国著名历史地理学家和方志学家陈桥驿建立了"陈桥驿史料
陈列馆",陈列馆临街背河,古色古香,600多平方米的展馆
里,陈列了陈桥驿的学术著作、重要论文、手稿原件等一大批
文献。这种介绍"人"和设置"馆"融为一体的方式,不仅
有效扩大了方志名家的影响,也有力推动了当地方志和文化事
业的协同发展。

"物",历史变迁的见证。一定数量的"物"(展品)是
以展览为主要形式的各类展馆的重要内容,方志馆当然也不
例外。但当代新型方志馆既不同于偏重收藏展示志书的传统
方志馆,又不同于以收藏展示文物见长的其他专业博物馆,

而是按"详今明古"原则，突出展示当代具有特殊意义的物品、有典型意义的产品，以集中宣传新中国成立以后特别是改革开放以来各地的巨大变化。这种展示模式最早也许可追溯到苏联的地志博物馆，如在阿穆尔州这个远东地区最大的地志博物馆里，就有一个反映普通百姓生活的历史馆，展示了人民衣、食、住、行的各个层面。如在展厅一角，有一个完全按近代典型中等阶层家庭生活场景布置的展览：墙上挂的是老挂钟、老照片，衣架上挂的是俄罗斯民族的妇女套裙，桌上摆放的是老式的电话和留声机……这种历史场景令人恍如隔世，又回味无穷。同样，在新建北京方志馆中，也有一个类似展厅，里面以模型和实物形式，陈列着自行车、半导体收音机、小汽车、洗衣机、电子计算机等许多新中国成立以来北京工业史的"第一"。这样，既可弥补目前地情宣传的不足，又可与其他展馆实现内容互补，错位发展，这是当代方志馆区别于传统方志馆及其他场馆的独特亮点。

中国方志馆建设事业正处在一个由传统向现代的重要转型期，处在一个持续发展繁荣的历史关键期。据统计，仅从2008年第四次全国地方志工作会议到2014年4月第五次全国地方志工作会议5年间，各地就新建省级馆7个、市级馆20多个、县级馆80多个。至此，全国已建成国家方志馆1个、省级馆15个、市级馆60多个、县级馆近200个。2007年3月，广东社会科学中心暨广东方志馆在广州天河奠基。该中心总投资2亿元，共有18层（地上16层，地下2层），总建筑

面积达 4.25 万平方米。其中建筑面积近 1 万平方米的广东方
志馆，目前已进入布展阶段，落成后将成为国内规模最大的方
志馆，也是当代方志馆建设的重要成就。

3　研究：从历史到现实

在中国历史上，伴随着方志编修的历史进程，方志馆建设
才逐步为人关注，相应的学术研究则更为滞后。起初史家大多
是从史学史范畴对史馆等相关机构进行研究，到清代中后期，
以章学诚的"志科"学术创见为标志，相应的理论研究才开
始起步，但仍有较大局限性，成果数量及总体水平也略逊一
筹。一直到改革开放后的两轮修志时期，这种情况才发生了显
著变化。

历史探索：章学诚等的理论建树

在中国方志发展史上，章学诚（1738～1801）既是方志
学的开山鼻祖，同样也是方志馆建设理论的奠基人。这方面的
成就集中体现在《州县请立志科议》一文中，这是他"屡膺
志乘之聘，阅历志事多矣"所得出的真知灼见，也是他对方
志机构专门化所作的重要理论贡献。首先，《州县请立志科
议》明确提出州县应设立"志科"，"州县之志，不可取办于
一时，平日当于诸典吏中，特立志科，佥典吏之稍明于文法
者，以充其选"，而且应"立为成法"。其次，强调资料收集
的独特价值，具体则要求录副六科案牍、家谱、传状、经史撰
著、诗辞文笔等等，且力求"水灾不得侵""无故不私启"。

章学诚画像

这样，即使史料一旦失于水火、蚀于湿蠹或疏于篆窃，也因有副本存在，而使"奸吏不得售其奸""刁民毋能逞其欲"，从而客观上起到止讼息争、安抚人心甚至佐政施治、稳定社会的重要作用。最后，为使志科设想落到实处，提出将志科职能向外延伸，主张在四乡另专设采访一人，聘请"绅士之公正符人望者为之"，具体负责采访、搜集资料之事，并"持公核实"后及时呈报志科"妥藏备用"。

章学诚的"志科"创见和"立为成法"的主张对后世史馆、方志馆等机构建设具有重要的借鉴意义和参考价值。如1940年，时任浙江通志馆馆长的余绍宋便向省政府提出，"自宜略仿清儒章学诚《各县应设志科》之议，先时预为之备。由省政府通令各县，聘请有学识之绅士数人，组织一委员会，专司其事"。1953年，钱穆在为朱希祖所著《史馆论议》一书所作的"序"中也指出："因念实斋章氏，有'方志体同国史之论'，今各县方竞设图书馆博物院，何不因新制，融旧规，别辟一室，专搜罗其本县之典籍器物、著作产造，博及天文地理、气候物宜、建置交通、工艺美术、风俗习尚、信仰禁忌、人物家世、流移迁转、摄影造像、标本图

表、测量统计一切皆附……"① 显然，这不仅体现了章学诚的
《州县请立志科议》对后世的影响，同时也可见后人在对其创
见理解基础上的进一步阐发。

在中国历史上，伴随着方志编纂和方志馆事业的发展，对
方志馆的相关理论研究也在进行中。在民国时期特别是 20 世
纪 40 年代，伴随着国史馆等一批史志编纂机构的出现，人们
对古代史馆等机构的研究兴趣日益浓厚，金毓黻、傅振伦、朱
希祖、柳诒徵等人都作过不同程度的研究，从而客观上也推动
了方志馆的建设进程。

如曾任北京大学、清华大学教授和中国史学会主席及
《广东通志》编纂委员会委员等职的朱希祖（1879～1944），
不仅概括了"吾国历代撰史之所""曰观、曰省、曰局、曰
曹、曰馆、曰院" 6 种名称，而且梳理了"称局者沿魏、隋，
称院者举宋代，称馆者述唐制，而辽、金、元、清等之自桧"
的发展脉络。同时他还强调："欲续历史，不可不设国史馆，
欲保存史料，不可不设档案总库"，"今吾国家既将重兴国史，
不使中绝，则其史署制度"，"宜改称国史馆为国史院，弘其
规模，与中央研究院同列，直隶国民政府，扬国华，一民
心"。他还建议"拟时政记、日历、国史统归国史馆撰辑，而
国史馆直隶于国民政府，其馆即设于府内，与总档案库相近，
而以监察院院长为监修国史"，"平日编纂典章制度，如前代

---

① 钱穆：为朱希祖《史馆论议》所作之序，《朱希祖文集》，中华书局，
2012，第 166 页。

之会要、会典等，以备纂修史志"，从而对史馆名称、归属、职能等问题都作了详尽的阐述。

另外，我国著名史学家和方志学家金毓黻（1887～1962）在任奉天通志馆总纂、国史馆纂修等职期间，在《中国史学史》等著作中，对中国古代史官、史馆从汉初一直延续至清代的历史作了系统梳理，并提出了系统而独到的创见。当然，需要说明的是，无论是章学诚所倡导的"志科"，还是朱希祖、金毓黻所倡导设立的史馆，与今天的方志馆仍有较大区别。但各种形式的方志馆一步步发展到今天，各时期的研究与实践事实上都不同程度地受到上述创见的影响，因此，章学诚等对中国方志馆事业所作的开创性贡献毋庸置疑。

新中国成立以来对史馆等机构的相关研究

新中国成立后，对史馆等史志机构的相关研究逐步增多，领域不断拓展，水平日益提高。一是从中国史学史发展的历史环境和条件大背景出发所作的宏观分析，尹达、瞿林东、谢保成、仓修良等学者对此均有建树。二是按研究对象的历史发展顺序所作的分阶段、截面式研究，如牛润珍的《北齐史馆考辩》、商慧明的《唐初史馆略论》及《中唐史馆探微》、宋立民的《宋代史馆沿革考》、萨兆沩的《元代翰林国史院述要》、谢贵安的《明代史馆探微》、乔治忠的《清代国史馆考述》、王记录的《清代史馆的人员设置与管理机制》等。三是专就"史馆"问题所作的综合性或专题研究，具体有陈其泰的《中国古代设馆修史功过得失略论》、乔治忠的《中国古代官方史学的兴盛与当代史学新机制的完善》、王记录的《百余年来中国古代史馆制度研究述评》、朱桂昌的《历代史官与修史机构》、倪道善的《古代史馆述评》等。

如王记录的《百余年来中国古代史馆制度研究述评》，按历史发展顺序，以"魏晋南北朝时期的史官与史馆""唐代史馆""宋、辽、金、元史馆""明、清史馆"为题，对各时期的史馆等史志机构作了概括性介绍分析，并得出结论："百余年来的史馆研究也在启示我们：其一，史馆制度的研究涉及社会史、制度史、史学史等多个学科，因此论究史馆不能囿于史学层面，也不能囿于制度层面，要兼顾到各个层面的相互影响，把握其真正的内涵。其二，必须将史馆置于整个社会政治、制度、史学以及文献的架构之中进行整体探讨，走出就事论事的窠臼，真正把握史馆修史在政治、文化生活中的作用和意义。其三，在前人研究的基础上，充分利用丰富的文献，放宽史馆研究的视野，以史馆为纽结，以史馆修史和社会政治、史学发展的关系为突破口，进行社会、政治、学术文化、史学、文献的综合研究，实属必要。"①

除此之外，值得关注的还有历年来对官私藏书场所和图书馆等其他机构的研究。例如，顾志兴等学者长期以来对中国藏书史及藏书楼的研究。骆伟的《海源阁与地方志》、江庆柏的

---

① 王记录：《百余年来中国古代史馆制度研究述评》，《殷都学刊》2007年第 2 期。

《任凤苞与地方志收藏》、张喜梅的《张元济与地方志藏书》、巴兆祥的《商务印书馆与近代方志事业》等论文，都从不同角度对这一问题作了很有价值的分析介绍。

尽管上述研究真正涉及方志馆的内容并不多，但从史志相伴发展的历史过程看，仍有助于我们认识中国历史上各类史志机构的总体发展脉络和主要特点，对梳理和剖析方志馆从史志合一到史志分离、从多所共存并职能共担再到独立成型的发展过程，无疑具有重要意义。

新时期以来对方志馆建设的专题研究

改革开放以来，由于党和政府的高度重视，同时伴随着自20世纪80年代至今的两轮修志热潮，作为"多业并举"的一个重要组成部分，全国各地方志馆建设方兴未艾，相应地对方志馆建设的研究也开始为方志学等相关学界日益关注。尽管这些研究成果数量不多，水平也参差不齐，但它们毕竟是对方志馆的专题研究，因而对方志馆的建设具有直接而又重要的指导意义。

一是从历史梳理看，有诸葛计的《纠正方志史上一个流行的错误说法》、潘晟的《宋代图经与九域图志：从资料到系统知识》、曾荣的《民国通志馆述略》、顾志兴的《沈曾植主持续修〈浙江通志〉与王国维撰写的志稿——浙江通志局课题组研究之一》、董郁奎的《民国初修〈浙江通志〉述评》、林子雄的《广东通志馆与民国〈广东通志〉之编纂》、江贻隆的《漫谈民国时期的安徽通志馆》、浙江省云和县史志研究室的《浙江省通志馆在云和（1943～1945年)》、周安庆的《鲜

为人知的南京通志馆》和朱平的《徵献楼与南京通志馆》、綦
延辉等的《从"国史馆台湾文献馆"功能的演变谈大陆方志
馆延伸功能的发挥》、王云庆的《台湾文献会》、潘捷军的
《中国方志馆沿革考》等。

如，上海市通志馆是民国通志馆繁荣时期的典型模式，陈
鸿的《上海市通志馆的发展变迁及其运作》、胡道静的《上海
通志馆及上海通志稿》、袁燮铭的《上海市通志馆筹备始末》、
朱敏彦等的《民国时期旧志整理出版探讨——以民国〈上海
市通志〉稿为例》、陈友乔的《柳亚子志鉴编撰实践的意义及
启示——以上海通志馆为中心的考察》等一批成果，从不同
侧面详细分析介绍了上海市通志馆成立的曲折过程和编纂
《上海通志》的艰辛历程，还介绍了通志馆资料收集等工作的
具体做法，从中可见民国方志馆的管理体制和运作机制，同时
也为后世留下了一批十分珍贵的史料。再如曾荣的《民国通
志馆述略》，则依据大量史料，从机构沿革、人事状况、修志
成果等方面，对民国时期全国各地所建的通志馆进行了系统梳
理，并就政府重视方志馆建设、名宿硕学参与编辑通志、大学
受政府委托承办方志馆、方志馆广泛征集史料文献和开展学术
研究等问题，都作了详细介绍。

二是从总体设计分析看，有朱佳木的《什么是方志馆以
及应当怎样建设方志馆——在杭州方志馆设计方案论证会上的
讲话》、潘捷军的《当代新型方志馆刍议》、黄文记的《试论
方志馆在地方文化网中的新定位——民国时期民众教育馆的历
史启示》、陈松文的《试谈方志馆的规划建设》、孙文飚的

《存载历史文化的重要载体——论方志馆的价值与功用》，刘丹的《浅论新形势下的方志馆建设》，等等。如原中国社会科学院副院长、中国地方志指导小组原常务副组长朱佳木认为，由于"方志书本质上是地情书，方志办实际上是地情办。既然如此，方志馆就应当是地情馆，即展示地情的设施"。他在全国首倡要把方志馆"建成地情馆、国情馆"，强调"作为地情馆的方志馆，应当是以一个行政区域为单位，用沙盘、模型、塑像、展板、影视等形式，全面介绍该区域内的自然与社会、历史与现状"。① 这一创议对新时期全国各地方志馆的总体设计和建设实践具有重要意义，起到了积极的导向和推动作用。

三是从建设和管理实践看，有陈希周的《谈方志馆的建筑设计》、陈宏亮的《方志馆地方文献分类探讨——以广东地方文献分类为例》、黄玲等的《方志馆与方志文献的传播利用——以深圳方志馆为例》、陈德任的《小型方志馆的文献管理方法研究》、韩旭的《从北京市方志馆利用信息化技术的实践看方志馆多元化发展的方向》、邓鸣鸣的《广西各级方志馆建设的现状与发展思考》、吴莹岗等的《传承方志文化弘扬地域文明——浅谈余杭方志馆的建设实践及运营发展》等等。如张满满的《方志馆馆藏建设探索——以江西省方志馆建设为例》，以一位方志馆管理者的具体实践，从方志馆展

---

① 参见朱佳木《什么是方志馆以及应当怎样建设方志馆——在杭州方志馆设计方案论证会上的讲话》（中指组字〔2011〕5号）。

陈总体布局、馆藏内容的甄别及选择、图书资料的分类与管理和如何通过现代化手段充分发挥馆藏地情资料的社会功能4个方面，就方志馆馆藏问题作了详细阐述，具有较强的针对性和实效性。

可以预见，随着方志馆建设事业的持续推进，相关研究将逐步深入，成果也会日趋丰硕，必将推动建馆事业乃至全国的地方志工作持续发展，日益繁荣。

4 视野：从台、港、澳到世界各地

台、港、澳设馆修志与民族文化的传承

地方志是中华民族共有的文化传统。长期以来，台湾、香港和澳门地区在遵循共同规律编修方志的同时，又通过开办文献馆等不同方式，展示、传承炎黄子孙共有的民族文化传统。

台湾官修方志历史悠久，早在清康熙二十三年（1684）就有官修《台湾府志》面世。道光九年（1829），台湾知府邓传安也曾专设志局重修府志。光绪十八年（1892），台北知府陈文䮲又向台湾巡抚邵友濂建议创修通志并获批，设通志总局专司此事，其后这一传统绵延不断。抗日战争胜利后，因日本统治半个世纪而被迫中断的方志编纂传统被再度弘扬。1948年6月，台湾省通志馆成立。国民党败退台湾后，各地的通志馆等修志机构逐步被"文献委员会"取代，并以此为基础，以创修、续修和重修等不同形式，开展了大规模的县（市）

志编纂工作。直到 1995 年，台湾省政府还通函各县市政府，要求在文化中心内（相当于大陆的文化馆）成立县市史馆，以收集资料、记录历史、典藏文献、研究和推广等方式，承担史志编修职能。到 2002 年 1 月，文献委员会又再度更名为"国史馆台湾文献馆"，但不论其名称如何更替，台湾地区编修方志的民族传统始终未丢弃。

2012 年 11 月，笔者曾专赴位于南投县的"国史馆台湾文献馆"（简称"台湾文献馆"）进行实地考察。该馆专司通志编修、官方档案保存等职能，坐落于占地约 2.5 公顷的"台湾历史文化园区"。一进园区大院，一幅 1995 年由时任"行政院长"连战题写的"台湾史迹源流馆兴建碑记"即醒目地映入眼帘，碑中言明"无分族类，不论先后"历史应"历代相传，皆后人所不能忘"的建馆宗旨。园区内文献大楼、文物

台湾"国史馆台湾文献馆"大楼外景

大楼、史迹大楼等建筑分列而立，各自分工明确，特色鲜明。
文献大楼内设有采集、整理和编辑等专业机构。文物大楼的
常设展览包括"台湾的历史与文化导论""台湾的民俗源流
特色""台湾民间工艺文化""民众日常生活"等内容。史
迹大楼则包括"史前遗址、平浦族、原住民展示""台湾重
要历史人物、事件展示""台湾地区古迹模型展示"等内容，
此外还设有"蓬莱乡情"等特展，从不同侧面展示了台湾悠
久的历史和深厚的文化底蕴，这也是方志馆地情展示的典型
模式。

台湾"国立图书馆"收藏的大陆新修方志

珍重民族传统使台湾方志事业结出了丰硕果实。20 世纪
70 年代，达 146 册的《台湾通志稿》已先行出版。另据统计，
仅 1945～2003 年期间，台湾地区出版的省、县、市、乡、镇、

区的方志就有 1100 多册。同时在"述作议论并重""跨领域整合""突破纂修旧法""建立审查机制"等方面，台湾方志界也有独到的学术创见和新颖的编纂方法。进入 21 世纪以来，台湾还十分注重以建立"台湾文献丛刊资料库""台湾地方志影像数据库""汉籍资料库"等为载体，大力推进"典籍数字化计划"工程，同时也为大陆方志馆的现代化建设拓宽了发展思路，提供了可资借鉴的经验。

香港在清朝属广州新安县管辖，康熙二十七年（1688）和嘉庆二十四年（1819）所纂的两部《新安县志》中对此均有记载。自 1842 年英国强占香港至 1997 年中国恢复主权的150 多年中，虽未见方志对香港的记载，但这并不意味着方志事业在该地区的中止。例如，香港中文大学"中国研究服务中心"自 1963 年成立以来，就收藏了内地自 20 世纪 50 年代至今的省、市、县、乡镇的方志及其他有关文献达 8 万多册，位居馆藏 26 个大类的第二位。2007 年，在特区政府的重视和内地有关部门的大力支持下，香港地方志工程再度启动。当地方志界人士认为，应构建一个名为"香港本土研究资源中心"的"认识香港地情的平台"，并明确指出"从本质和功能来看，资源中心就是方志馆"。其"主要工作是记录香港政治、经济、文化和社会各方面发展的历史渊源和现状。探索香港与其他地区的关系：包括中国香港与中国大陆、澳门、台湾的关系；中国香港与亚洲其他国家的关系，中国香港与欧美的关系等"，以"通过认识及探索香港的地情，提高香港市民对香港和国家的归属感"。具体来看，应从系

统地建立"口述资料库"和"香港图片库"、编纂"覆盖香
港全方位发展的《香港通志》"、成立"'香港本土研究之
友'兴趣小组"等方面入手，逐步实现建立方志馆的构想。
这是在"一国两制"前提下对香港方志馆的积极构想，自然
具有特殊的意义和重要的价值。①

　　澳门并无方志编纂的历史传统，但由于特区政府的高度
重视和内地有关部门的大力支持，近年来，以澳门理工学院
为平台，以《澳门通志》为标志，地方志纂修和有关历史文
献的编研工作风生水起，独具特色。特别不同于台湾、香港
的是，澳门修志原无历史传统，几乎白手起家。修志人员注
重实事求是，因地制宜，提出既不能过分依赖外语，又不能
脱离当时的特殊语境，从搜集选择、翻译整理以葡萄牙文为
主的西文史料入手，条分缕析，同时辅以口述历史等现代科
学方法，力求揭示事物真相，反映历史的本来面貌。显然，
这种科学方法十分适用于原无方志编修传统的澳门，澳门因
此也以自己特有的方式，为传承民族共有传统作出了独特的
贡献。

　　特别值得注意的是，近年来，以 2011 年浙江宁波"方志
文献国际学术研讨会"、2013 年广东东莞"两岸四地方志文献

---

① 分别参见葛向勇、葛丽莎《方志文献的宝库——香港中文大学中
　　国研究服务中心馆藏志鉴简介》，《方志文献国际学术研讨会论文
　　集》，中华书局，2012；刘智鹏：《建设香港方志馆的构想》，第三
　　届中国地方志学术年会暨两岸四地方志文献学术研讨会论文选编
　　（下册）。

学术研讨会"等为平台和标志，大陆和台湾、香港、澳门两岸四地的方志交流日益活跃，学术互访日趋频繁。地方志这一中华民族共有的传统文化形式，经炎黄子孙携手共促，必将生生不息，不断弘扬光大。

海外馆藏方志与民族文化的"失联"忧虑

对地方志这种中华民族特有的文化样式，世界各地历来十分关注。长期以来，以图书馆等场所为平台，不少国家特别是一些西方大国收藏了大量地方志等中国珍贵的历史文献。尤其是19世纪中叶以来，欧美及日本等国一直未停止各种形式的搜求。如傅振伦曾提及，民国初期，"日本有一个文征堂，派人到北京琉璃厂买地方志，他不看内容，如果排起来够一个手杖那么高，就给价现洋一元"。据1969年日本国会图书馆《日本主要图书馆、研究所所藏中国地方志总合目录》记载，包括卷本、复制胶卷本在内，日本共收藏中国地方志2847种，相当于我国全国总收藏量的34%，相当于当时北京图书馆方志收藏量的46.9%，仅明代方志就有550种左右，其中57种国内无存。

在著名的美国国会图书馆280余万册藏书中，中文图书文献约有95万册，其中亚洲馆特藏的中国古代方志便有4000多种，约6万多册，包括100多种海内外孤本。据史料载，为此作出突出贡献的当数美国著名农林学家施永格。20世纪初，在中美双方的文化学术交流过程中，施永格发现中国方志中关于土壤和植物的记载价值很高，于是便向美国政府提出扩大收藏方志的建议，美方采纳了这一建议。国会图书馆甚至还曾在中国刊登广告，公开征集方志。1918 年，施永格作为国会图书馆的代表，亲自到中国各地采集方志，经过 10 年的努力，他所征集收藏的方志竟占国会图书馆亚洲馆所藏方志的一半。

据 1957 年法国巴黎大学吴德明的《欧洲各国图书馆所藏中国地方志目录》记载，英国、法国、意大利、德国、比利时、荷兰、瑞典等 7 个国家的 25 个单位共收藏中国地方志 2590 部。除去复本为 1434 种不同版本，其中有 207 种是《美国国会图书馆藏中国方志目录》所未收的。另外，英国伦敦大学东方与非洲研究院 1979 年出版的由安德鲁·莫顿所编的《英国各图书馆所藏中国地方志总目录》，也收录了大英博物馆及牛津、剑桥大学图书馆所收的 2516 种方志。众所周知的是，有些志书的大量外流并非通过正当途径，而且有的国内现已无存，却出现在国外的图书馆等机构中。从方志馆角度看，尽管这些机构并未冠以"方志馆"的名称，但它们却在不同程度上起到了方志馆的作用。

1995 年，方志学家陈桥驿在北美访学期间，曾精心制作了一张西方有关国家的图书馆对包括方志在内的中国历史文献的收藏情况调查表，翔实地记载了这方面的一些情况（如下表）。①

---

① 陈桥驿：《中国方志资源国际普查刍议》，《中国地方志》1996 年第 2 期。

西方有关国家图书馆馆藏中国方志情况调查表（1995）

国别	收藏单位	收藏情况	备　考
美国	国会图书馆	3750 种约 60000 册	包括朱士嘉编《美国国会图书馆藏中国地方志目录》收录的中国方志
	哈佛大学哈佛燕京图书馆	3525 种35000 册	
	芝加哥大学远东图书馆	2700 种17000 册	
	夏威夷大学图书馆亚洲文库	944 种	
	宾州大学东亚文库	800 种	
英国	英国图书馆	1750 种	包括微缩胶卷 50 种
	牛津大学图书馆	1760 种	包括微缩胶卷 48 种
	伦敦大学东方与非洲学院图书馆	1139 种	包括 26 个省份，其中包括微缩胶卷 140 种
	达勒姆大学图书馆东方部	970 种	
	剑桥大学图书馆	302 种	
	里兹大学图书馆	269 种	
	爱丁堡大学图书馆中文部	269 种	包括微缩胶卷 1 种
法国	法兰西学院高级汉学研究所图书馆	4211 种	
	法兰西学院亚洲研究院高级汉学研究所图书馆	1000 余种	注明为原版
澳大利亚	澳大利亚国立图书馆	2000 种	注明为"中国地方史"
日本	天理大学图书馆	1430 种	
	东洋文库	2800 册	属于该文库的莫里逊文库

　　需要说明的是，上表所列并未包括国际上所有收藏中国方志的"大户"。因为有些在国际上长期以研究中国和东方而闻

名的图书馆和研究机构，虽然拥有大量汉籍，但它们都未公布所藏的方志数量，因而无法作精确统计。如，美国普林斯顿大学葛思德东方图书馆收藏汉籍达 30 多万册，在收藏数量上列美国第二位，著名的耶鲁大学图书馆东亚文库馆藏汉籍也有 20 多万册。如果把这些因素也考虑进去，那么很显然，国外收藏中国方志的数量远远不止表中所列。这更为国人特别是方志界所忧虑，同时也说明，我们既要积极致力于中华民族的传统文化"走出去"，更要采取各种行之有效的措施把近乎"失联""失传"的民族瑰宝"传回来"，这是中国方志馆建设事业的当务之急。

5 前景：从与日俱增的挑战到与时俱进的创新

从传统到现代，中国的方志馆建设事业在走过漫长而又艰难的历史岁月后，构造了全新的发展格局和良好的前景态势。但应当看到的是，即便是在传统方志馆基础上创新而来的当代新型方志馆，在瞬息万变的今天，也将面临新的挑战，需不断创新理念，不断更新平台，不断实现超越。而且，这绝非杞人忧天，日益严峻的危机和挑战已真实地呈现在方志界眼前。

早在 2003 年，美国微软公司总裁比尔·盖茨在西班牙皇家学院就曾语出惊人，他说"不消灭书本和纸张，我死不瞑目"，让人真切感受到"狼来了"的威胁。仅仅 10 年后，据《中国视听新媒体发展报告（2013）》披露："调查显示，受个人电脑、平板电脑、智能手机的冲击，北京地区电视机开机率从 3 年前的 70% 下降至 30%，传统广播电视收听收视群体向老年人集中，40 岁以上的消费者成为收看电视的主流人群，电视观看人群的年龄结构呈现'老龄化'趋势。"截止到 2012年底，中国网络视频用户已达 3.72 亿，手机网民用户已达 4.2亿（其中 1.3 亿为手机网络视频用户）。而当时西方主要国家的在线视频渗透率已逾 50%，全世界在线视频流量占互联网总流量的比重已从 2005 年的 5% 上升到 2012 年的 52%，预计到 2015 年将升至 62%。

又如，电影从诞生至今，至少从形式上已发生了 3 次大的变化，即从无声到有声，从黑白到彩色，再从模拟到数字。21世纪初，中国专家访问美国柯达公司总部，当问到美国同行如何看待"数字"时，他们的回答是："放心！20 年到 30 年胶片不会灭亡。"他们认为胶片分辨率、彩色度、饱和度等是数字技术永远赶不上的。然而仅仅几年之后，数字胶片的分辨率便已经从 4K、6K 发展到 8K，超过了传统胶片的 4K。数字化浪潮远比人们想象的更来势汹涌。事实上，据分析，一种传播媒介普及到 5000 万人，收音机用了 38 年，电视用了 13 年，互联网用了 4 年，而基于互联网的新应用微博仅用了 15 个月，更新的应用微信只用了 10 个月。

值得关注的还有，2012 年 3 月，拥有 244 年历史的《不列颠百科全书》宣布不再出纸质版，而把重点改为出版网络版和电子版。作为世界最古老也最具声誉的百科全书，这一改变无疑具有里程碑式的意义。其实，早在 2009 年，中国的电子图书用户也已突破 1 亿人大关。这些都证明，现代化手段对传统行业的冲击势如破竹，古老的行业生存模式将面临日益严峻的危机和挑战。更严重的问题还在于，正如专家所言："我们走到了拐点，但可怕的是，大家都还不知道，在那个拐点后面的弯道上会发生什么事。"

其实，相对于报纸、杂志等传统纸质媒体而言，电影、广播、电视等已属新兴媒体。然而，在更为现代便捷的电脑、手机等新媒体前，显然它们同样已是相形见绌的"明日黄花"——尽管相当一部分中老年受众对其仍情有独钟，尽管它们还将在相当一个历史时期内占据着相当的份额，但青少年毕竟代表未来发展趋势，他们的需求必将主导当前并主宰未来的传媒形式，而且这种需求恰恰是传媒变革的最大动力。

2012 年，国际图联大都市图书馆委员会对 25 个国家的 59 个城市图书馆作了调研报告，提出了影响图书馆未来发展的 4 个新指标：推广活动、社会媒体、数字流通和数字参考。显然，这是对传统图书馆理念的又一次更新，是针对严峻现实的有效对策，同时也是对当代新型方志馆建设的有益借鉴。

对方志馆建设而言，上述一系列事实所带来的相应启示是：相对于以展示纸质文献为主要形式的传统方志馆，尽管当代新型方志馆在设计理念、展示手段和传播方式等方面，已有较大超越，但是，这种超越不能停止，更不是终结。正如当代已超越历史一样，未来的历史还将超越当代。这就需要未雨绸缪，把地方志这种中国特有的传统文化形式，以更开阔的思路和视野加以构建，以更新型的载体与平台加以展示，以更现代化的手段加以完善，力求实现"信息实体虚拟化、信息资源数字化、信息传递网络化、信息利用共享化、信息提供智能化、信息展示多样化"。① 这既是历史和他人实践留给当代方志界的有益启示，更是方志馆未来发展的必由之路。

当然，对上述严峻事实和冲击挑战的研究、判断同样要实事求是，更不必惊慌失措甚至束手无策。如据 2012 年中国新闻出版研究院公布的第 9 次"全国国民阅读调查"结果显示，尽管当时我国 18～70 周岁的国民网络阅读率已达到 16.8%，但同样值得关注和深思的是，如果细分，真正增加了"数字阅读"的国民中，农村居民、高中及以下学历的青年人占很高比例，分别为 54.7% 和 63.7%，如手机阅读人群大多集中于高中和初中学历（80%），而高学历者（本科及以上）所占比例反而不高（只有 17.9%）。这里固然有网络阅读成本较低、中老年人接受新生事物的速率一般低于青少年等原因，但从另一角度也无可置疑地告诉我们：作为具有深厚文化底蕴的传统纸质文献（如地方志书等）和传统阅读方式，在与新兴大众文化消费模式比较中，仍然具有无可比拟的独特优势。

还应当看到，我们所追求的方志馆的这种变革，更多地表现为形式的变化，而不是要从根本上改变地方志的本质属性。因为无论从历史留存至今的大量旧志看，还是从新中国成立后特别是改革开放以来两轮修志时期所编纂的新志看，其初始形式基本上都是纸质文献。即便以数字化等现代化手段加以处

---

① 陈燮君：《博物馆文化的昨天和明天》，《文汇报》2013 年 2 月 18 日第 D 版。

理，其实也已是二道后处理，其初始纸质媒介的形式仍然存在，这实际上是方志在当代信息化新形势下采取"两条腿走路"的一种必然选择。因此，既不可因循守旧，也不能因噎废食，甚至"倒洗澡水时把婴儿一起扔掉"，对此同样应有清醒的认识和相应的举措。

面对这种挑战，全国方志界当然不会无所作为。如近年来，吉林、福建、黑龙江等地的地方志部门，在积极兴建实体方志馆的同时，还分别通过建立省情数据库、信息网等方式，加快推进方志信息化、现代化建设进程。浙江省舟山市地方志部门还因地制宜，顺势而为，率先启动数字方志馆建设。这种类型的方志馆，从技术上分为方志数字资源建设（数字志书制作）、数据存储与压缩（数字志书保存）、数据加工与挖掘（数字志书资源加工）、信息输出与表现（数字图书馆的开放）、用户服务（数字志书的阅览利用）以及版权保护等多个模块；从内容设置上又分为 8 个分馆，11 个子馆，分别是：旧志馆（县州厅镇志馆、普陀山志馆），综合志馆（市志馆、县区志馆、乡镇志馆、村志馆），专业志馆（市专业志馆、县区专业志馆），年鉴馆（市级年鉴馆、县区年鉴馆、专业年鉴馆），期刊馆，家谱馆，市情文献馆、方志理论馆。建立数字方志馆的初衷，在于借助分布式的网络环境，向社会公众实现全天候开放，方便其通过众多途径进入数字图书馆，不管是借助于台式 PC、移动电脑还是 PDA 等手持设备，都可以阅读到最新资讯，以便公众借助数据库索引技术，更为迅速便捷地查找信息。运行实践表明，这种类型的方志馆的建立，既是对实体方志馆的一种有益补充,更是方志界应对当前挑战的一种创新举措。

浙江舟山市数字方志馆效果图

上述实践的有益启示在于:全国方志系统如果今天不主动寻求变革,如果没有高度的现实紧迫感,仍然固守传统,抱残守缺,那么传统形式很可能会受到更大的冲击,"不进则退"一定会成为方志界在不远的将来不得不面临的严酷事实。届时,若皮之不存,毛将焉附?! 从这个意义上说,当代新型方志馆建设其实是一个永恒的课题,是一个需要与时俱进、不断再创新、再超越的价值追求。

6 结语:"中国梦"与"中国志"

中华民族伟大复兴的"中国梦"是当代中国为之共同奋斗的宏伟目标。它既是数万万人民大众和历代仁人志士为之梦寐以求、浴血奋斗的追求目标，又是当今中国人民坚持不懈、始终不渝的现实实践。而且，"中国梦"既是一个宏伟目标、宏大体系，但又不是无源之水、无本之木，它要通过全国各地历史长河的点点滴滴汇聚成流，通过各地传统文化的枝枝叶叶集聚成林。从这个意义上说，各地方志馆就是展示和实现"中国梦"的重要载体。我们还应看到，历史在发展，"中国梦"的内涵将伴随着伟大时代不断充实丰富，各地人民群众构梦、析梦和圆梦的实践不断创新，时代需要这样的平台来不间断地记录这段辉煌历史。

在回溯历史中传承文明

李约瑟说过："了解中国历史就必须了解中国的地方志。"作为中华民族特有的传统文化形式，"存史"历来被视为地方志三大职能中的首要职能。特别在当代社会，人们社会交往日趋频繁，生活频率持续提速，"不知有汉，遑论魏晋"的情况比比皆是。如何不使人们数典忘祖，而能经常寻根问祖，"始终记得住乡愁"，以"存史"为首要职能的地方志工作显然应当发挥更重要的作用。但由于受建设理念和客观条件等多种因素的限制，传统方志馆大多以收藏和编纂志书为主要功能，有的甚至志不出阁，秘不示人，很难做到向世人展示。当代新型方志馆应有所不同，它不仅要注重"收藏"历史，更重要的是要通过系统地梳理史料，向全社会展示一地悠久的历史和璀璨的文化，以"存""展"并重的方式，更好地发挥地方志"存史、资政、教化"的作用，为传承地域文化和区域文明作出重要贡献，这应是当代新型方志馆的首要职能。2013 年 12 月，习近平总书记在中央政治局集体学习时曾指出：要"系统梳理传统文化资源，让收藏在禁宫里的文物、陈列在广阔大地上的遗产、书写在古籍里的文字都活起来。"① 这应当成为当代新型方志馆通过开发传统资源来传承文明的重要行动指南。

在展示现状中彰显成就

国务院《地方志工作条例》明确要求，志书不仅要记述"历史"，也要记述"现状"。同样，方志馆特别是当代新型方志馆不仅要注重"收藏"历史，也要注重展示现实成就，是历史与现实的有机统一。"历史"与"现状"又具有相对性，是一个连续的发展过程，两者不能截然分开。以当代眼光看，所谓"现状"，应当是指新中国成立后特别是改革开放以来的"历史"。从改革开放以来全国两轮大规模修志的实践看，各地自 20 世纪 80 年代初至 20 世纪末的一轮修志，普遍以贯通一地历史的"通志"为主要形式；而自 21 世纪初开始并延续约 20 年的二轮修志，则普遍以"续修断代志"为主要形式，记述的也主要是改革开放以来的发展过程。在此意义上看，后者实际修的就是"改革开放志"和"科学发展志"。按"详今明古"的原则，当代新型方志馆不仅要注重梳理展示"历史"，也要善于关注展示"现状"，特别要注意全面、系统地展示新中国成立后尤其是改革开放以来各地的综合地情，力求使"历史"与"现状"交相辉映，让传统文献与现实成就相

① 《人民日报》2014 年 1 月 1 日第 1 版。

得益彰。这正是新时期全国各地两轮修志所普遍关注和记述的重点，也应当成为当代新型方志馆的关注重点和创新亮点。

目前有的传统形式的方志馆（包括少数新建方志馆）冷冷清清、门可罗雀，不仅发挥不了方志馆应有的作用，而且大量财政投入的综合效益也难以显现。为此，如何借鉴其他场馆的成功经验，采取有效措施让当代新型方志馆改变传统形象和在民众心中的固化印象，更好地展示一地的综合地情特别是发展"现状"，从而更接近大众百姓、更接地气，是方志馆能否聚集人气、是否具有发展活力的关键所在。

在"修志问道"中"以启未来"

"修志问道，以启未来"，是李克强总理 2014 年为全国第五次地方志工作会议所作批示中，对全国地方志系统未来工作提出的总要求和发展方向。地方志是中华民族历史悠久的传统文化形式，从传统和以往主要形式看，地方志系统面对的主要是"过去"，似乎更多地需要沉浸在故纸堆中挖掘历史，而不必过多关注现实，更不必关注未来。其实，地方志既要记述"历史"，关注"现状"，更应通过"修志问道"，"以启未来"。文化"传承"原本就不是一个单纯的承继关系。简言之，"传"是对历史的延续，"承"则是起承转合的新起点。因此，为更好地面向现代化、面向世界、面向未来，方志需要"传"，更需要"承"，需要发展，需要创新。我们不能一味为修志而修志，也不能单纯为建馆而建馆。因此，即便志书文献以平面、静态和记载历史为主要表现形式，即便传统方志馆以收藏、编纂等为基本职能，但作为当代新型方志馆这个特殊平台，完全可以立体的、动态的、现实的以至发展的思维加以构建，以现代化手段加以展示。

这样，当代新型方志馆既需要梳理和收藏过去，使观众能看到"历史"，也需要展示现实成就，使观众能看到发展"现状"，更要善于使公众通过观展问"道"（即中国梦宏伟目标的实现途径），并从中受到启迪，"以启未来"，以此传承中华民族的历史文化，增强全民族复兴中国梦的自信心。事实上，遗存至今的很多珍贵方志真实记载了中华民族数千年始终不渝的追梦之"道"，只是为平面、静态而又过嫌生涩、深奥的形式所限，传统志书一般很难将这一过程和场景生动地展现给读者。而作为一个展览、展示的平台，方志馆显然比传统的志书更有优势。特别是目前方志馆大多注重现实综合地情展示，它实际上展现的就是当地人民群众生动真实的追梦之"道"，从这个意义上说，如何在"修志问道"中"以启未来"，方志馆特别是当代新型方志馆应当承担更为重要的历史重任。

参考书目

白寿彝主编《中国史学史》，上海人民出版社，2006。

仓修良：《方志学通论》，方志出版社，2003。

仓修良：《中国古代史学史》，人民出版社，2009。

顾志兴：《浙江藏书史》（上、下册），杭州出版社，2006。

刘纬毅等：《中国方志史》，三晋出版社，2010。

彭静中编著《中国方志简史》，四川大学出版社，1990。

瞿林东：《中华文化通志·史学志》，上海人民出版社，1998。

谢保成：《中国史学史》，中国社会科学出版社，2008。

尹达主编《中国史学发展史》，中州古籍出版社，1985。

沈善洪、费君清主编《浙江文化史》，浙江大学出版社，2009。

卫家雄：《方志史话》，社会科学文献出版社，2011。

王记录：《清代史馆与清代政治》，人民出版社，2009。

《中华大典》编委会：《中华大典·历史典（史学理论与

史学史分典）》，上海古籍出版社，2007。

　　朱希祖：《朱希祖文集》之《史馆论丛》，中华书局，2012。

　　诸葛计：《中国方志五十年史事录》，方志出版社，2002。

　　注：限于篇幅，所参考论文不一一例举。

后　记

地方志是中华民族特有的传统文化形式，方志馆等各种形式的方志机构则是传承这一文化传统的独特载体和实践平台。《方志馆史话》是我主持的 2013 年国家社科基金年度项目"中国方志馆研究"（编号：13BTQ003）的前期成果。

这本小册子试图对中国方志馆的发展历史作一个系统梳理，力求从一个侧面反映中华民族方志文化的源远流长和博大精深。由于这是一个以往方志界基本未曾涉及过的研究领域，而且受学界历来重编纂实践相对轻学术研究倾向的影响，编研过程中可供参考和借鉴的成果很少。为此，特别要感谢社会科学文献出版社人文分社的宋月华社长以及责任编辑王敏等，自始至终接力式地给予热情鼓励、精心指导和严谨把关。

当然，尽管我已作了不少努力，但由于个人水平有限，不足之处在所难免，敬请各位读者批评指正。

潘捷军

2015 年春

史话编辑部

图书在版编目（CIP）数据

方志馆史话/潘捷军编著. —北京：社会科学文献出版社，
2015.4
（中国史话）
ISBN 978 - 7 - 5097 - 6933 - 1

Ⅰ.①方…　Ⅱ.①潘…　Ⅲ.①地方志博物馆 – 历史 –
中国　Ⅳ.①G269.2

中国版本图书馆 CIP 数据核字（2014）第 297603 号

"十二五"国家重点图书出版规划项目

中国史话·文化系列
方志馆史话

编　　著／潘捷军

出 版 人／谢寿光
项目统筹／宋月华　杨春花　　责任编辑／周志宽　王　敏

出　　版／社会科学文献出版社·史话编辑部（010）59366469
　　　　　　地址：北京市北三环中路甲29号院华龙大厦　邮编：100029
　　　　　　网址：www.ssap.com.cn
发　　行／定制出版中心（010）59366509　59366498
　　　　　　市场营销中心（010）59367081　59367090
　　　　　　读者服务中心（010）59367028

印　　装／三河市尚艺印装有限公司
规　　格／开本：889mm×1194mm　1/32
　　　　　　印张：5.25　字数：112千字
版　　次／2015年4月第1版　2015年4月第1次印刷
书　　号／ISBN 978 - 7 - 5097 - 6933 - 1
定　　价／25.00元

"十二五"国家重点图书出版规划项目

地方志 是中华民族独有的传统文化形式,自古以来它又是"官职官责"的"官修""官书",而各种类型的方志馆则是展示这种优秀传统文化的固定场所。本书按历史发展顺序,分别介绍了中国历史上早期的官修史志机构、元明清设局编修一统志与方志馆的发展变化、民国时期方志馆的艰难发展历程以及各类相关机构对方志馆发展所作的贡献,同时重点介绍了新中国成立以来方志馆的发展历程。

上架建议:中国历史

ISBN 978-7-5097-6933-1

定价:25.00元